Matemática para o Ensino Médio

Caderno de Atividades
1º ano
volume 4

1ª Edição

Manoel Benedito Rodrigues

São Paulo
2020

Digitação, Diagramação : Sueli Cardoso dos Santos - suly.santos@gmail.com
Elizabeth Miranda da Silva - elizabeth.ms2015@gmail.com

www.editorapolicarpo.com.br
contato: contato@editorapolicarpo.com.br

Dados Internacionais de Catalogação, na Publicação (CIP)

(Câmara Brasileira do Livro, SP, Brasil)

Rodrigues, Manoel Benedito.

Matémática / Manoel Benedito Rodrigues.
- São Paulo: Editora Policarpo, **1ª Ed. - 2020**
ISBN: 978-85-7237-016-5
1. Matemática 2. Ensino Médio
I. Rodrigues, Manoel Benedito II. Título.

Índices para catálogo sistemático:

Todos os direitos reservados à:
EDITORA POLICARPO LTDA
Rua Dr. Rafael de Barros, 175 - Conj. 01
São Paulo - SP - CEP: 04003-041
Tel./Fax: (11) 3288 - 0895
Tel.: (11) 3284 - 8916

Índice

I	TÓPICOS DE GEOMETRIA ANALÍTICA..01
II	POLÍGONOS CONVEXOS...13
III	ÂNGULOS RELACIONADOS COM ARCOS..27
IV	RELAÇÕES MÉTRICAS NO CÍRCULO...34
V	LEI DOS COSSENOS E LEI DOS SENOS..45
VI	BASE MÉDIA E BARICENTRO..54
VII	CUBO E PARELELEPÍPEDO..61
VIII	POLÍGONOS REGULARES...109
IX	PARTES DO CÍRCULO...123

I TÓPICOS DE GEOMETRIA ANALÍTICA

1 – Distância entre dois pontos

Sejam **A** e **B** dois pontos distintos, se forem coincidentes a distância entre eles é nula, queremos encontrar uma fórmula que de a distância entre eles.

Como o retângulo tem lados opostos congruentes, quando o segmento AB for paralelo a um dos eixos, a distância entre eles será igual ao módulo da diferença das abscissas ou ordenadas das suas extremidades, conforme ele for paralelo, respectivamente, ao eixo x ou ao eixo y.
A distância entre os pontos **A** e **B** indicaremos por AB ou por $d_{A,B}$.

$\overline{AB}$ é paralelo ao eixo da abscissas $\overline{AB}$ é paralelo ao eixo das ordenadas

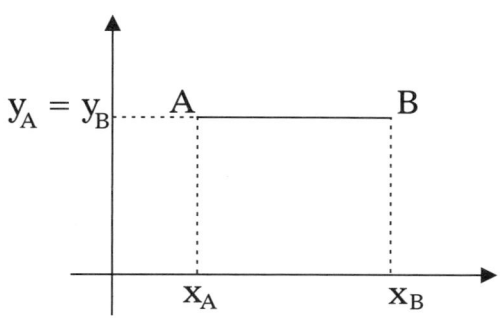 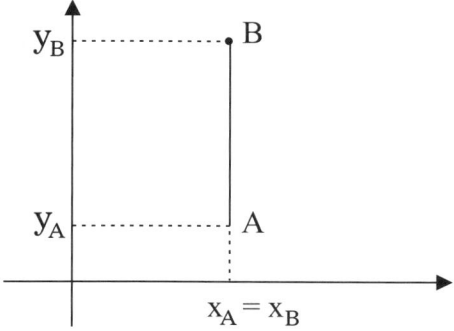

$AB = |x_B - x_A| = |x_A - x_B| = |\Delta x|$ $AB = |y_B - y_A| = |y_A - y_B| = |\Delta y|$

Δx é a diferença entre as abscissas e Δy é a diferença entre as ordenadas.

Quando o segmento AB for oblíquo aos eixos, a distância AB será a diagonal do retângulo determinado pelas retas paralelas aos eixos, conduzidas pelas extremidades do segmento. Para determinar AB basta aplicar a teorema de Pitágoras.

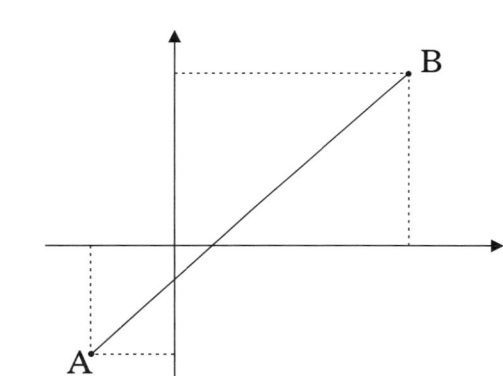 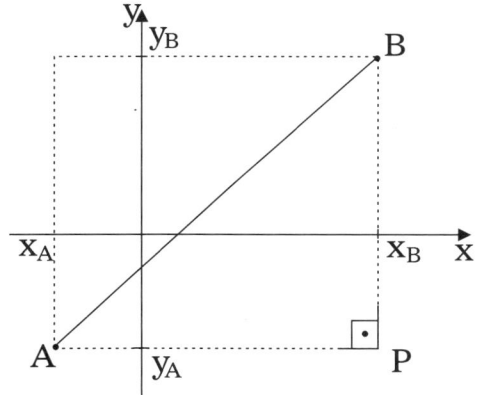

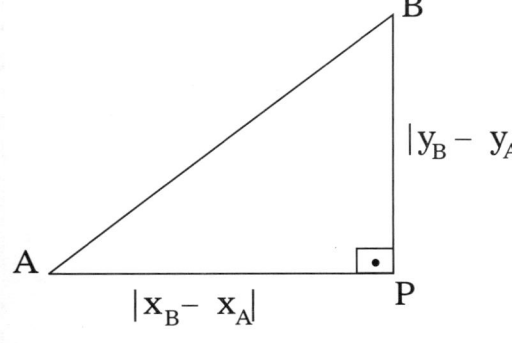

$AB^2 = |x_B - x_A|^2 + |y_B - y_A|^2$.

Como $|x_B - x_A|^2 = |x_A - x_B|^2 = (x_B - x_A)^2 = (x_A - x_B)^2$

e $|y_B - y_A|^2 = |y_A - y_B|^2 = (y_B - y_A)^2 = (y_A - y_B)^2$,

podemos escrever:

$AB^2 = (x_B - x_A)^2 + (y_B - y_A)^2$ ou

$$AB = \sqrt{(x_B - x_A)^2 + (y_B - y_A)^2}$$

ou ainda: $$AB = \sqrt{\Delta^2 x + \Delta^2 y}$$

Note que quando $x_B - x_A = 0$ ou $y_B - y_A = 0$, isto é, quando o segmento AB for paralelo ao eixo y ou paralelo ao eixo x, obtemos:

$AB = \sqrt{(y_B + y_A)^2} \Rightarrow AB = |y_B - y_A|$ ou

$AB = \sqrt{(x_B + x_A)^2} \Rightarrow AB = |x_B - x_A|$. Expressões que já havíamos obtido. Então, a fórmula

$AB = \sqrt{(x_B - x_A)^2 + (y_B - y_A)^2}$ pode ser usada sem analisar se AB é paralelo a algum eixo ou oblíquo aos eixos.

Exemplo 1: Determine a distância entre os pontos A(– 3, 1) e B(1, – 2)

$AB = \sqrt{(x_B - x_A)^2 + (y_B - y_A)^2} = \sqrt{[1-(-3)]^2 + (-2-1)^2} = \sqrt{16+9} = \sqrt{25} = 5 \Rightarrow \boxed{AB = 5}$

Exemplo 2: Dados os pontos A (– 2, – 5) e B (10, 1) determinar o ponto equidistante dos pontos A e B, pertencente

a) ao eixo das ordenadas.

Seja P(0, a) o ponto em questão. Se ele está em 0y, a abscissa é nula.

$PA = PB \Rightarrow \sqrt{(0+2)^2 + (a+5)^2} = \sqrt{(0-10)^2 + (a-1)^2} \Rightarrow$

$4 + a^2 + 10a + 25 = 100 + a^2 - 2a + 1 \Rightarrow 12a = 72 \Rightarrow a = 6 \Rightarrow \boxed{P(0,6)}$

b) ao eixo das abscissas.

Seja P(a, 0) o ponto em questão. Se ele está em 0x, a ordenada é nula.

$PA = PB \Rightarrow \sqrt{(a+2)^2 + (0+5)^2} = \sqrt{(a-10)^2 + (0-1)^2} \Rightarrow$

$a^2 + 4a + 4 + 25 = a^2 - 20a + 100 + 1 \Rightarrow 24a = 72 \Rightarrow a = 3 \Rightarrow \boxed{P(3,0)}$

c) à bissetriz dos quadrantes ímpares.

Seja P(a, a) o ponto em questão. Pontos desta bissetriz têm coordenadas iguais

$PA = PB \Rightarrow \sqrt{(a+2)^2 + (a+5)^2} = \sqrt{(a-10)^2 + (a-1)^2} \Rightarrow$

$a^2 + 4a + 4 + a^2 + 10a + 25 = a^2 - 20a + 100 + a^2 - 2a + 1 \Rightarrow 36a = 72 \Rightarrow a = 2 \Rightarrow \boxed{P(2,2)}$

d) à bissetriz dos quadrantes pares.

Seja P(a, – a) o ponto em questão. Pontos desta bissetriz têm coordenadas opostas

$PA = PB \Rightarrow \sqrt{(a+2)^2 + (-a+5)^2} = \sqrt{(a-10)^2 + (-a-1)^2} \Rightarrow$

$a^2 + 4a + 4 + a^2 - 10a + 25 = a^2 - 20a + 100 + a^2 + 2a + 1 \Rightarrow 12a = 72 \Rightarrow a = 6 \Rightarrow \boxed{P(6,-6)}$

Exemplo 3: Se o ponto P(a, b) dista 5 do ponto A(3, – 1) escreva uma equação cujas coordenadas a e b satisfazem.

Resolução: $PA = 5 \Rightarrow \sqrt{(a-3)^2 + (b+1)^2} = 5 \Rightarrow$

$a^2 - 6a + 9 + b^2 + 2b + 1 = 25 \Rightarrow \boxed{a^2 + b^2 - 6a + 2b - 15 = 0}$

Exemplo 4: Determinar o ponto do eixo das abscissas que dista 5 do ponto c (7, 3).

Resolução: Seja P(a, 0) o ponto em questão. Se ele está em Ox, a ordenada é nula

$PC = 5 \Rightarrow \sqrt{(a-7)^2 + (0-3)^2} = 5 \Rightarrow a^2 - 14a + 49 + 9 = 25 \Rightarrow$
$a^2 - 14a + 33 = 0 \Rightarrow (a-3)(a-11) = 0 \Rightarrow a = 3 \text{ ou } a = 11 \Rightarrow$
$\boxed{P(3,0) \text{ ou } P(11,0)}$

01 Determinar a distância entre os pontos A e B, nos casos:

a) A(–1, 7) e B(3, 4)
$AB = \sqrt{\Delta^2 x + \Delta^2 y}$

b) A(– 3, 0) , B(3, 8)

c) A(5, 8) e B(– 3, – 7)

d) A(4, 1) , B(2, – 3)

e) A(– 5, – 3) e B(1, – 9)

f) A(3, – 2) , B(– 2, – 7)

g) A(– 5, 0) e B(0, – 12)

h) A(2a – 1, 4 – 2a) e B(2a + 1, – 2a + 1)

02 Determinar o perímetro do triângulo ABC, dados A(– 1, 5), B(– 4, 1), C(2, – 7)

03 Mostre que o triângulo ABC é isóceles, com A(– 1, 3), B(– 4, – 1) e C (3, 6)

04 Mostre que o triângulo de vértices A(– 3, – 1), B(5, 5) e C(1, – 3) é triângulo retângulo.

05 Dados os pontos A(0, 1) e B(– 4, 9), determinar o ponto equidistante de A e B, pertencente

a) ao eixo das abscissa.

b) ao eixo das ordenadas.

c) à bissetriz dos quadrantes ímpares.

d) à bissetriz dos quadrantes pares.

06 O ponto P(a – 5, 5 – 2a) dista $2\sqrt{10}$ de A(4, 1). Determinar P.

07 Dados A(– 6, – 2), B(– 3, 2), C(4, 1) e D(1, – 3), mostre que o quadrilátero ABCD é um paralelogramo.

08 A(– 2, 5) e C(12, 3) são extremidades da diagonal de um quadrado. Determinar o lado e a área deste quadrado.

09 AB é lado de um triângulo equilátero. Dados A(–5, 9) e B(7, – 7), determinar o lado **a** e a área **S** deste triângulo.

Resp: **1** a) 5   b) 10   c) 17   d) $2\sqrt{5}$ e) $2\sqrt{6}$ f) $5\sqrt{2}$ g) 13   h) $\sqrt{13}$ **2** $3\sqrt{17}+15$

2 – Áreas de polígonos convexos no plano cartesiano

Veja como achar a área de um triângulo no plano cartesiano por diferença de áreas de retângulo e triângulos e também por uma regra prática que vai ser provada após um assunto chamado **determinantes**.

Exemplo 1: Consideremos o triângulo de vértice A(3, 2), B(5, 7) e C(9,5)

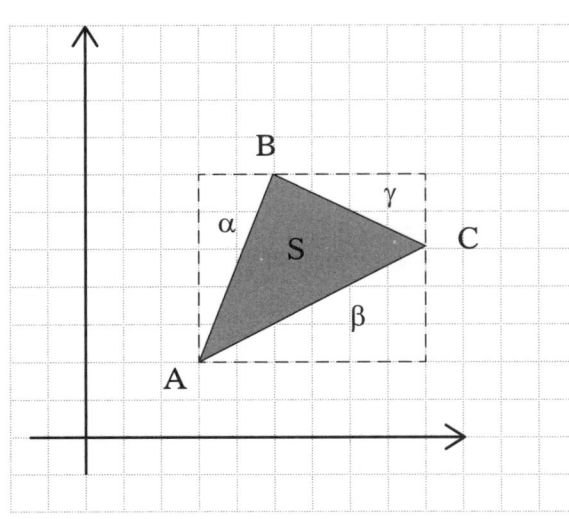

1) **Por diferença:** Seja S a área do triângulo ABC e α, β e γ as áreas dos outros 3 triângulos que completam o retângulo pontilhado. Temos

$$\alpha = \frac{2 \cdot 5}{2} = 5, \quad \beta = \frac{6 \cdot 3}{2} = 9, \quad \gamma = \frac{4 \cdot 2}{2} = 4$$

$A_{retângulo} = S + \alpha + \beta + \gamma \Rightarrow$

$6 \cdot 5 = S + 5 + 9 + 4 \Rightarrow S = 30 - 18$

$\Rightarrow \boxed{S = 12}$

2) Observe a regra prática. Colocamos as coordenadas dos pontos na vertical e repetimos o primeiro ponto colocado. A área será a **metade do módulo**, da soma de três produtos menos os três outros produtos. Observe:

$$S = \frac{1}{2} \left\| \begin{array}{cccc} x_A & x_B & x_C & x_A \\ y_A & y_B & y_C & y_A \end{array} \right\| = \frac{1}{2} \left\| \begin{array}{cccc} 3 & 5 & 9 & 3 \\ 2 & 7 & 5 & 2 \end{array} \right\| \Rightarrow$$

$$S = \frac{1}{2} |21 + 25 + 18 - 10 - 63 - 15|$$

$$S = \frac{1}{2} |64 - 88| = \frac{1}{2} |-24| = \frac{1}{2}(24) \Rightarrow \boxed{S = 12}$$

Exemplo 2: Consideremos o quadrilátero ABCD de vértices A(–4, 2), B(2, –4), C(8, –1) e (6, 5). Determinar a sua área por diferença e pela regra.

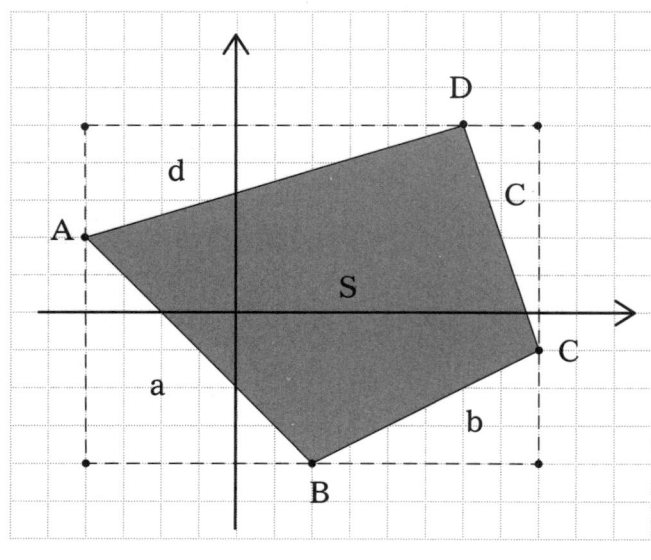

1) $A_{ret.} = S + a + b + c + d$

$$12 \cdot 9 = S + \frac{6 \cdot 6}{2} + \frac{6 \cdot 3}{2} + \frac{2 \cdot 6}{2} + \frac{10 \cdot 3}{2}$$

$108 = S + 18 + 9 + 6 + 15 \Rightarrow 108 = S + 48$

$\boxed{S = 60}$

2) Os pontos são colocados consecutivamente.

$$S = \frac{1}{2} \left\| \begin{array}{ccccc} -4 & 2 & 8 & 6 & -4 \\ 2 & -4 & -1 & 5 & 2 \end{array} \right\|$$

$$S = \frac{1}{2} |16 - 2 + 40 + 12 - 4 + 32 + 6 + 20|$$

$$S = \frac{1}{2} |66 + 54| = \frac{1}{2} |120| \Rightarrow \boxed{S = 60}$$

10 Dados os vértices de um triângulo ABC, plotar os vértices e determinar a sua área por diferença e também usando a regra prática, nos casos

a) A(1, 2) , B(7, 3), C(5, 6)

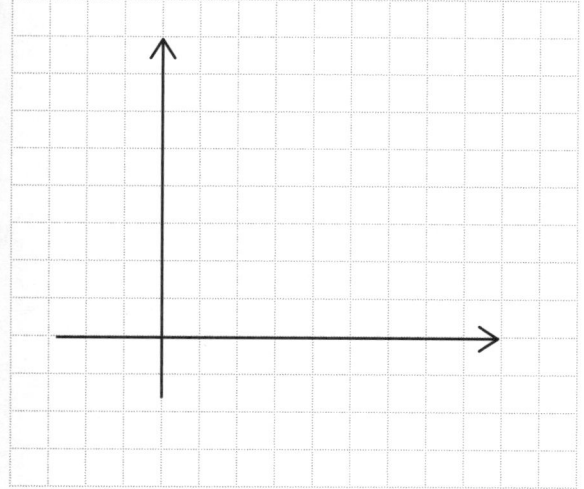

b) A(– 2, 5), B (1, – 3), C (6, 3)

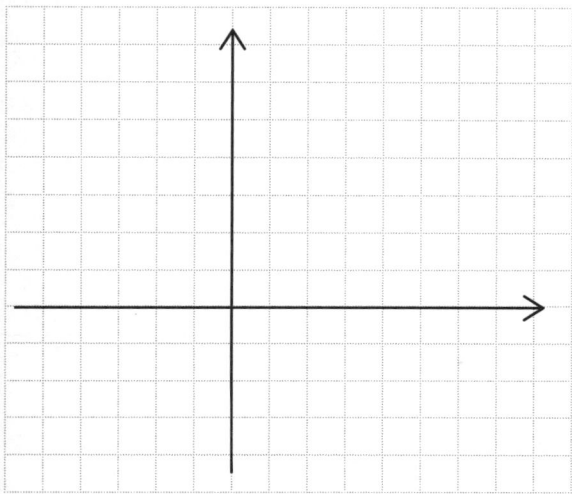

c) A (0, 6), B (– 5, 2), C (3, – 4)

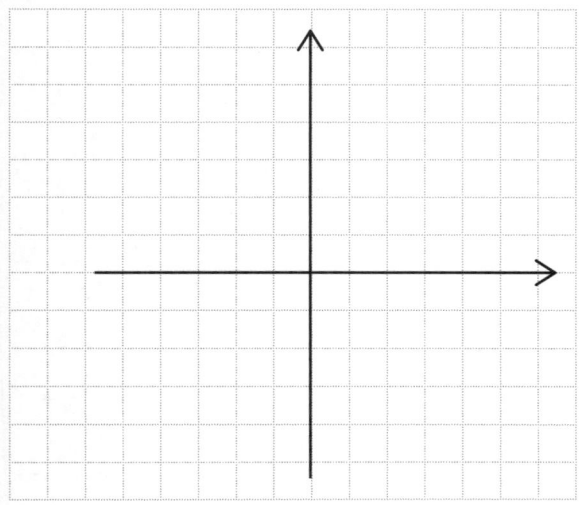

Resp: **3** AB = AC = 5 ⇒ triângulo isósceles **4** $AB^2 = 100$, $AC^2 = 20$ e $BC^2 = 80$ ⇒ $AB^2 = AC^2 + BC^2$ ⇒ ABC é triângulo retângulo
5 a) P (– 12, 0)   b) P (0, 6)   c) P (12, 12)   d) P (– 4, 4)   **6** (– 2, – 1) ou $\left(-\frac{4}{5}, -\frac{-13}{5}\right)$
7 AB = AC = 5, AD = BC = $5\sqrt{2}$ ⇒ ABCD é paralelogramo   **8** lado = 10 e Área = 100   **9** a = 20, S = $100\sqrt{3}$

11 Dados os vértices de um quadrilátero ABCD, plotar os vértices e determinar a sua área por diferença de áreas e também usando a regra prática para quadrilátero. E também determinar as áreas dos triângulos ABC e ACD, pela regra prática e confira que dá a obtida pela regra prática para os 4 vértices.

a) A(– 2, 5), B (2, – 3), C(8, 1) e D (3, 7)

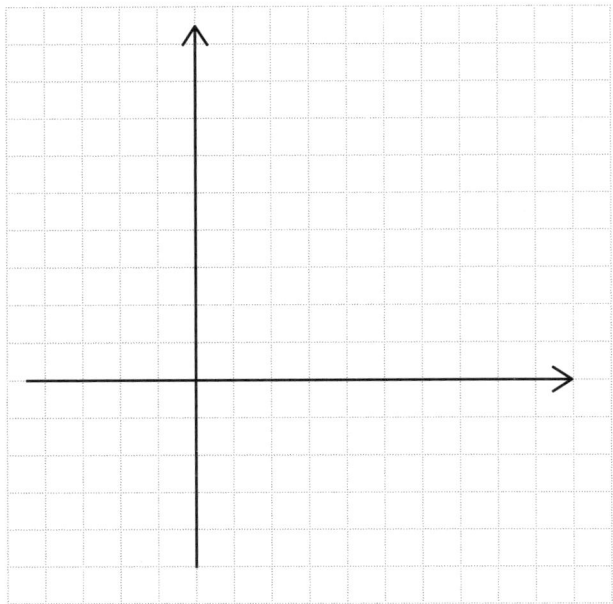

b) A(– 6, 1), B(0, – 4), C (6, – 2) e (2, 7)

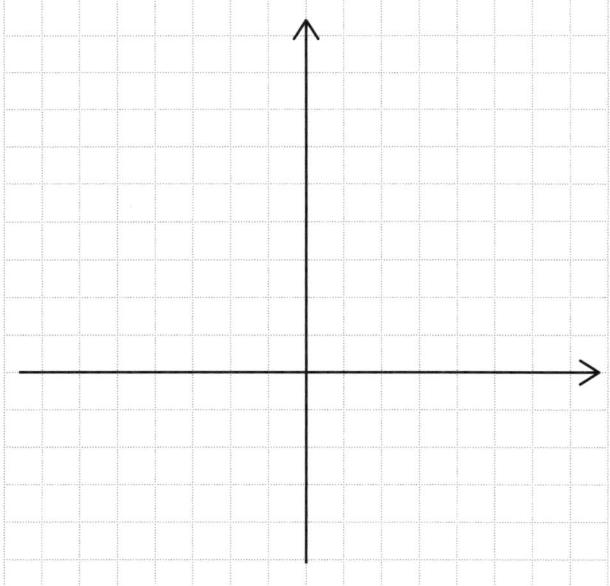

12 ABCDE é um pentágono de vértices A(– 4, – 2), B(3, – 4), C(7, 2), D(4, 8) e E(– 2, 4). Determinar a sua área por diferença e pela regra prática.

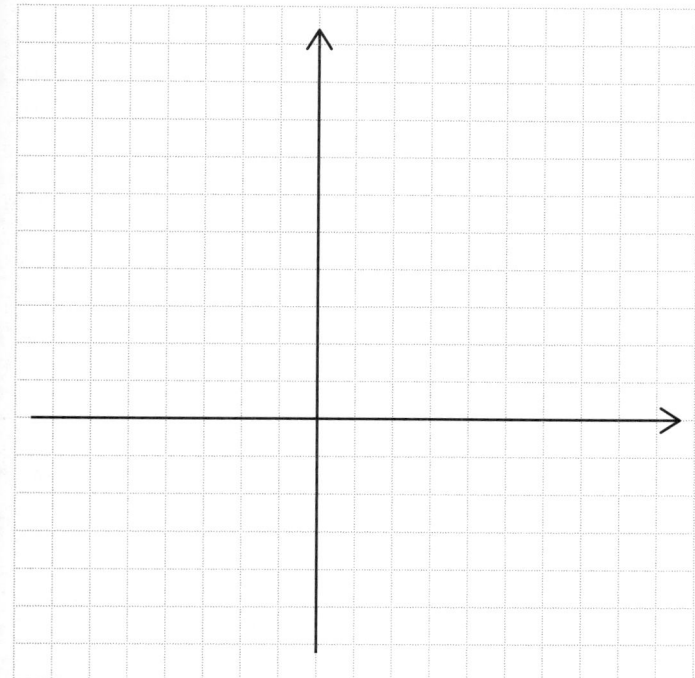

13 Dados os vértices de um triângulo ABC determinar a sua área pela regra prática, nos casos:

a) A(– 1, 3), B(4, 2) e C(2, – 3)

b) A(– 2, – 4), B(1, 7) e C(5, – 2)

14 Determinar a área do paralelogramo ABCD dados A(5, 3), B(– 4, 2) e C(2, – 2).

15 Determinar a área do quadrilátero ABCD dados A(– 3, – 6), B(0, 5), C(7, 1) e D(4, – 5).

Resp: **10** a) 10   b) 29   c) 31

16 Determinar a área do pentágono ABCDE dados os vértices A(2, 6), B(–4, 1), C(0, –4), D(5, –3) e E(7, 4)

17 Dados A(–3, 1), B(5, 7) e P(–5, 12), determinar a distância entre o ponto P e a reta AB.

18 Determinar a distância entre o ponto P(2, 6) e a reta s que é o gráfico da função y = 2x – 8.

19 Determinar o raio da circunferência que tem centro C(-6, 4) e tangencia a reta **s** que é o gráfico da função y = x - 2.

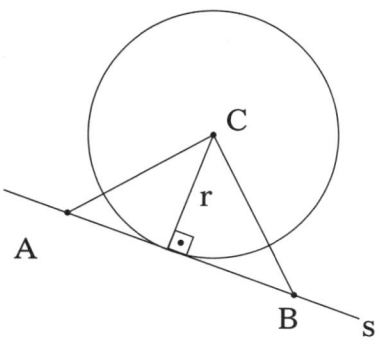

20 Dadas as funções f(x) = x² - 4x - 5 e g(x) = - x + 5, qual é a área do triângulo onde um vértice é o vértice da parábola representativa de **f** e os outros dois vértices são os pontos comuns às duas funções.

Resp: **11** a) 52 b) 69 **12** 78 **13** a) 13,5 b) 35,5 **14** 42 **15** 64 **16** 68,5 **17** d = 10 **18** d = 2√5 **19** r = 6√2 **20** 42

II POLÍGONOS CONVEXOS

1 – Alguns polígonos convexos

triângulo   quadrilátero   pentágono   hexágono

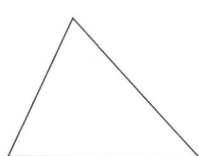 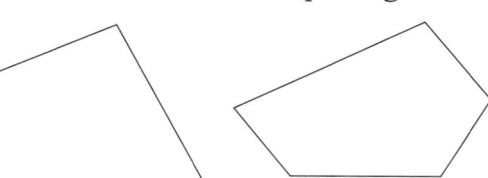 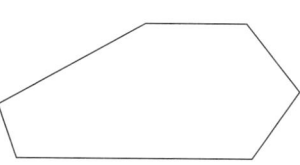

2 – Nomenclatura, de acordo com o número n de lados

n = 3 ⇔ triângulo   n = 4 ⇔ quadrilátero   n = 5 ⇔ pentágono

n = 6 ⇔ hexágono   n = 7 ⇔ heptágono   n = 8 ⇔ octógono

n = 9 ⇔ eneágono   n = 10 ⇔ decágono   n = 11 ⇔ undecágono

n = 12 ⇔ dodecágono   n = 13 ⇔ tridecágono   n = 14 ⇔ tetradecágono

n = 15 ⇔ pentadecágono ...   n = 20 ⇔ icoságono

3 – Soma dos ângulos externos

Quando falamos em soma dos ângulos externos, vamos considerar apenas um em cada vértice
" Em qualquer polígono convexo, a soma dos seus ângulos externos é igual a 360º"

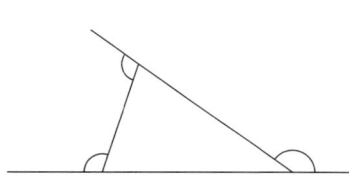 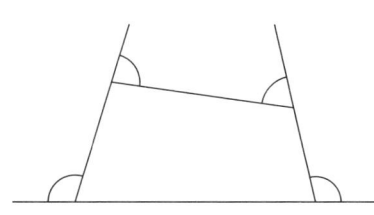 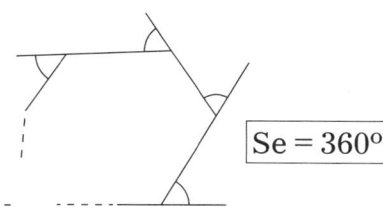

$S_e = 360°$

4 – Soma dos ângulos internos

A soma dos ângulos internos de qualquer polígono convexo é dada pelo produto do número de lados menos 2, vezes 180°

Para o pentágono

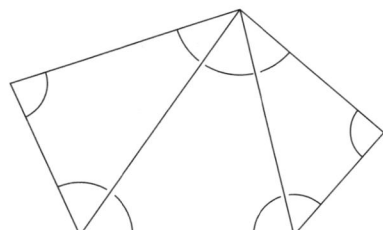

$n = 5 \Rightarrow 3 \cdot (180°) = 540$

$S_i = (n - 2)\,180°$

$\boxed{S_i = 3\,(180°)}$

Polígono com n lados

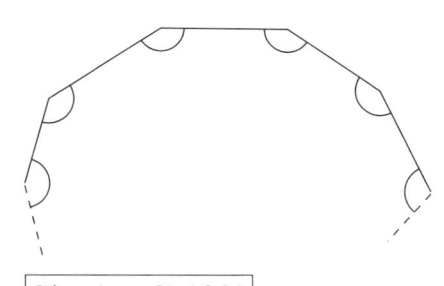

$\boxed{S_i = (n - 2)\,180°}$

5 – Soma de um externo com o interno correspondente

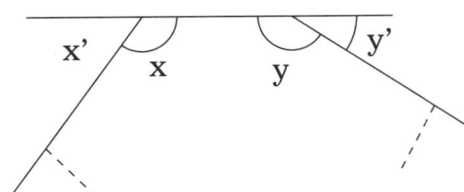

Eles são suplementares

$x + x' = 180°$, $y + y' = 180°$

6 – Número de diagonais (d) de um polígono de n lados

De cada vértice partem (n – 3) diagonais

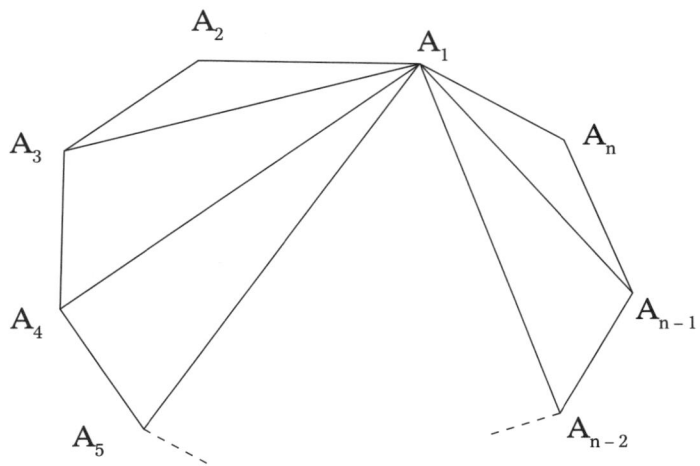

$A_1, A_2, A_3...A_n$ são os vértice

A_1A_1, A_1A_2 e A_1A_n não são diagonais.

Então do vértice A, partem

(n – 3) diagonais. Então

n(n – 3) é o dobro do

número de diagonais (cada

uma foi contada duas vezes).

Logo: $d = \dfrac{n(n-3)}{2}$

7 – Polígono regular

É aquele que os seus lados têm medidas iguais, os seus ângulos internos têm medidas iguais (consequentemente os externos também).

Cada ângulo externo é dado por $Ae = \dfrac{Se}{n}$ e cada ângulo interno é dado por $Ai = \dfrac{Si}{n}$. Então:

$$Ae = \dfrac{360°}{n} \quad e \quad Ai = \dfrac{(n-2)180°}{n}$$

Olhe alguns exemplos com as medidas indicadas na figura

| triângulo equilátero | quadrado | pentágono regular |

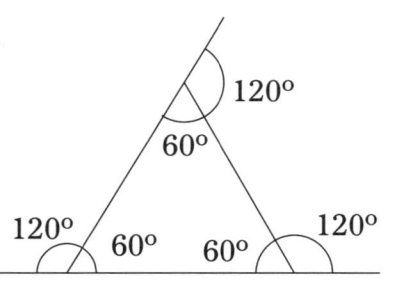 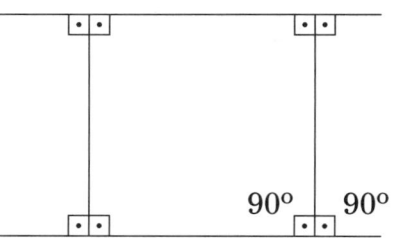 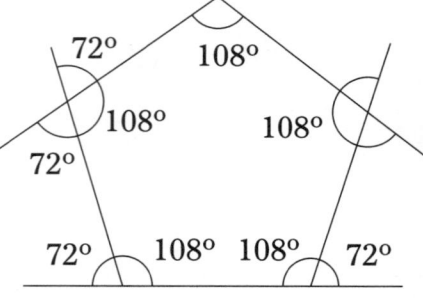

hexágono regular   octógono regular

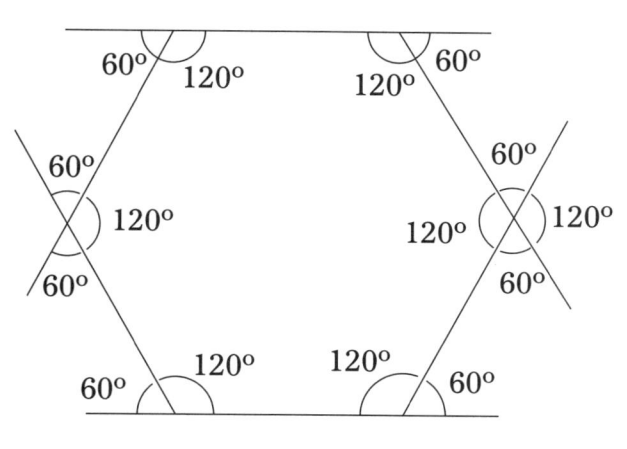
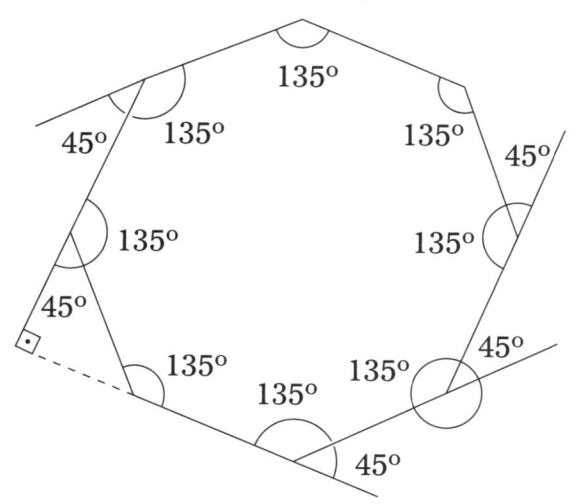

Exemplo 1: Um polígono convexo tem 15 lados (pentadecágono) determinar

a) A soma dos ângulos externos   b) A soma dos ângulos internos

c) o número de diagonais.

Resolução: a) A soma dos externos não depende de n. É sempre 360°

$$\boxed{Se = 360°}$$

b) A soma dos internos é dada por

$$Si = (n-2)180° \Rightarrow Si = (15-2)180° \Rightarrow Si = 13(180°) \Rightarrow \boxed{Si = 2340°}$$

c) O número **d** de diagonais é dado por:

$$d = \frac{n(n-3)}{2} \Rightarrow d = \frac{15(15-3)}{2} \Rightarrow d = \frac{15 \cdot 12}{12} \Rightarrow d = 15 \cdot 6 \Rightarrow \boxed{d = 90}$$

Resposta: a) 360°   b) 2340°   c) 90 diagonais

Exemplo 2: A soma dos ângulos internos de um polígono convexo é 2700°. Determinar

a) A soma das medidas dos ângulos externos

b) O número de lados   c) O número de diagonais

Resolução: a) $\boxed{Se = 360°}$ (é 360° sempre)

b) $Si = (n-2)180° \Rightarrow 2700° = (n-2)180° \Rightarrow$

$18(n-2) = 270 \Rightarrow n-2 = 15 \Rightarrow \boxed{n = 17}$

c) $d = \frac{n(n-3)}{2} \Rightarrow d = \frac{17(17-3)}{2} \Rightarrow d = 17 \cdot 7 \Rightarrow \boxed{d = 119}$

Resposta: a) 360°   b) 17 lados   c) 119 diagonais

Exemplo 3: Um polígono convexo tem 65 diagonais. Determinar o número de lados e a soma das medidas dos ângulos internos.

Resolução: 1) Cálculo do número de lados **n**

$$d = \frac{n(n-3)}{2} \Rightarrow \frac{n(n-3)}{2} = 65 \Rightarrow n^2 - 3n = 130 \Rightarrow$$

$$n^2 - 3n - 130 = 0 \Rightarrow (n-13)(n+10) = 0 \Rightarrow n = 13 \text{ ou } n = -10$$

Como o número de lados não pode ser negativo, obtemos $\boxed{n = 13}$

2) $Si = (n-2)180 \Rightarrow Si = (13-2)180 \Rightarrow Si = 11(180°) \Rightarrow \boxed{Si = 1980°}$

Resposta: 13 lados e 1980°

Exemplo 4: Qual é o polígono cujo número de diagonais é o triplo do número de lados?

Resolução: $d = 2n$ e $d = \frac{n(n-3)}{2} \Rightarrow \frac{n(n-3)}{2} = 2n \Rightarrow$

$n(n-3) = 6n \Rightarrow n - 3 = 6$ (pois **n** é diferente de zero).

Então, $n = 9$ É o eneagono

Resposta: enéagono (9 lados)

Exemplo 5: O número de lados e o número de diagonais de um polígono convexo excedem o número de lados e diagonais de um outro, respectivamente em 6 e 57. Qual os números de lados deles?

Resolução: Sejam N e n os números de lados e D e d os de diagonais. Temos:

$$\begin{cases} N = n + 6 \\ D = d + 57 \end{cases} \Rightarrow \frac{N(N-3)}{2} = \frac{n(n-3)}{2} + 57 \Rightarrow$$

$N(N-3) = n(n-3) + 114 \Rightarrow (n+6)(n+6-3) = n(n-3) + 114$

$(n+6)(n+3) = n(n-3) + 114 \Rightarrow n^2 + 9n + 18 = n^2 - 3n + 114 \Rightarrow$

$12n = 96 \Rightarrow \boxed{n = 8} \Rightarrow N = 8 + 6 \Rightarrow \boxed{N = 14}$

Resposta: 14 lados e 8 lados

Exemplo 6: Quanto mede cada ângulo externo de um polígono regular de 18 lados?

Resolução: Como a soma dos externos é sempre 360°, base dividir esta soma pelo número de ângulos externos, que é igual ao número de lado do polígono.

$$Ae = \frac{360°}{n} \Rightarrow Ae = \frac{360°}{18} = 20° \Rightarrow \boxed{Ae = 20°}$$

Resposta: 20°

Exemplo 7: Quando mede cada ângulo interno de um polígono regular de 20 lados?

Resolução: 1º modo: Dividindo a soma dos internos $Si = (n-2)180°$ pelo número de ângulos (que é igual ao número de lados), obtemos cada ângulos interno.

$$Ai = \frac{Si}{n} \Rightarrow Ai = \frac{(n-2)180°}{n} \Rightarrow Ai = \frac{(20-2)180°}{20} = 18 \cdot 9 \Rightarrow \boxed{Ai = 162°}$$

2º modo: Determinamos o externo e sabendo que a soma do externo com o interno é 180°, determinamos o interno

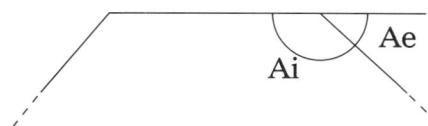

1) $Ae = \dfrac{360°}{n} \Rightarrow Ae = \dfrac{360°}{20} \Rightarrow Ae = 18°$

2) $Ai + Ae = 180° \Rightarrow Ai + 18° = 180° \Rightarrow \boxed{Ai = 162°}$

Resposta: 162°

Exemplo 8: Se o ângulo interno de um polígono regular mede 150°, determinar a medida do externo, o número de lados e o número de diagonais deste polígono.

Resolução: 1) $Ai + Ae = 180° \Rightarrow 150° + Ae = 180° \Rightarrow \boxed{Ae = 30°}$

2) Cálculo de **n** através do Ae é melhor

$$Ae = \frac{360°}{n} \Rightarrow 30° = \frac{360°}{n} \Rightarrow \boxed{n = 12}$$

Ai = 150°, Ae

3) Número **d** de diagonais

$$d = \frac{n(n-3)}{2} \Rightarrow d = \frac{12(12-3)}{2} \Rightarrow d = 6 \cdot 9 \Rightarrow \boxed{d = 54}$$

Resposta: 30°, 12 lados, 54 diagonais

Exemplo 9: Um poligono regular tem 10 diagonais que passam pelo centro, quantas são as que não passam pelo centro?

Resolução: Somente há diagonais passando pelo centro quando o número de lado for par e o número de diagonais que passam pelo centro é igual a metade do número de lados.

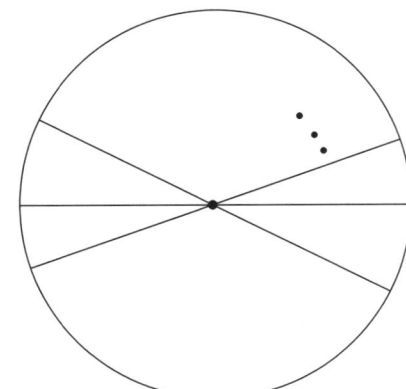

Então: $\dfrac{n}{2} = 10 \Rightarrow \boxed{n = 20}$

Como $d = \dfrac{n(n-3)}{2}$, temos:

$d = \dfrac{20(20-3)}{2} \Rightarrow d = 10 \cdot 17 \Rightarrow d = \boxed{170}$

170 − 10 = 160 é o número das que não passam

Resposta: 160

Exemplo 10: O ângulo que contém os vértices B e C de um polígono regular ABCDE..., formado pelas bissetrizes dos ângulos internos A e D mede 72° graus. Quantos lados e quantas diagonais tem esse poligono?

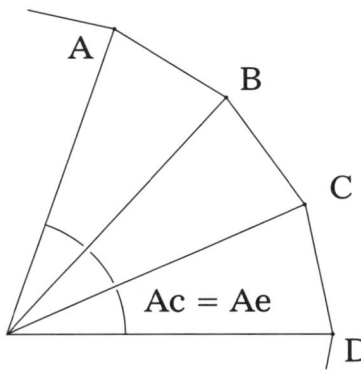

1º modo: Como cada ângulo central (ângulo com vértice no centro e oposto apenas a um lado) tem a medida dada por $\dfrac{360°}{n}$, e o ângulo central neste caso mede $\dfrac{72°}{3} = 24°$, temos:

$\dfrac{360°}{n} = 24° \Rightarrow n = \dfrac{360°}{24°} \Rightarrow \boxed{n = 15}$

Note que cada ângulo central é igual a cada ângulo externo $A_c = A_e = \dfrac{360°}{24°} \Rightarrow \boxed{n = 15}$

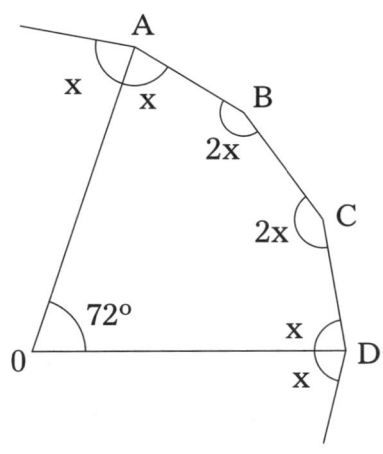

2º modo: Sendo 2x a medida de cada ângulo interno, temos para os ângulos internos do pentágono OABCD, 72°, x, 2x, 2x e x. Como esta soma é 540°, obtemos:

$x + 2x + 2x + x + 72° = 540° \Rightarrow$

$6x + 72 = 540° \Rightarrow x + 12 = 90° \Rightarrow x = 78° \Rightarrow$

$A_i = 2(78°) \Rightarrow A_i = 156° \Rightarrow A_e = 24° \Rightarrow$

$\dfrac{360°}{n} = 24° \Rightarrow 24n = 360° \Rightarrow \boxed{n = 15}$

$d = \dfrac{n(n-3)}{2} \Rightarrow d = \dfrac{15(15-3)}{2} \Rightarrow d = 15 \cdot 6 \Rightarrow \boxed{d = 90}$

Resposta: 15 lados e 90 diagonais.

21 Determine o número de diagonais do polígono convexo nos casos:
a) heptágono
b) decágono
c) pentadecágono

22 Determine a soma das medidas dos ângulos internos do polígono convexo nos casos:
a) pentágono
b) hexágono
c) octógono
d) eneágono

23 Determine a soma das medidas dos ângulos externos do polígono convexo nos casos:
a) pentágono
b) hexágono
c) decágono
d) icoságono

24 Em cada caso determine a soma dos ângulos internos do polígono convexo em questão:
a)
b)
c)
d)

25 Em cada caso temos um polígono regular, determine Si, Se e indique nas figuras as medidas dos ângulos internos e externos
a) Si =
b) Si =
c) Si =
d) Si =

26 Determine as incógnitas:
a) Pentágono regular
b) Hexágono regular
c) Pentágono regular
d) Pentágono regular

27 Em cada caso é dado o ângulo externo de um polígono regular. Determine a medida do ângulo interno.
a) 45°
b) 30°
c) 20°

28 Em cada caso é dado o ângulo interno de um polígono regular, complete com a medida do ângulo, externo:
a) 144°, _____
b) 170°, _____
c) 120°, _____
d) 162°, _____

29 Em cada caso é dada a soma dos ângulos internos de um polígono convexo. Determine o número de lados do polígono.

a) $S_i = 2160°$ b) $S_i = 4140°$ c) $S_i = 4500°$

30 Em cada caso é dado o ângulo externo de um polígono regular. Determine o número de lados do polígono.

a) $a_e = 20°$ b) $a_e = 8°$ c) $a_e = 15°$

31 Em cada caso é dado o ângulo interno de um polígono regular. Determine o número de lados do polígono.

a) $a_i = 156°$ b) $a_i = 170°$ c) $a_i = 144°$

32 Resolver:

a) Determine o número de diagonais de um polígono convexo cuja soma dos ângulos internos é 3600°.

b) Determine o número de diagonais de um polígono regular cujo ângulo interno mede 162°.

33 Resolver:Resolver:

a) O ângulo oposto de $\hat{B}$ formado pelas bissetrizes dos ângulos $\hat{A}$ e $\hat{C}$ de um polígono regular ABCD.... mede 60°. Quantas diagonais tem este polígono?

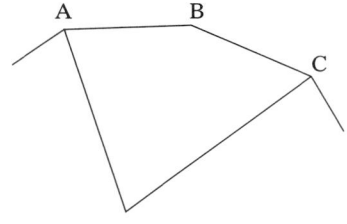

b) O ângulo que coném $\overline{BC}$ formado pela bissetriz de $\hat{A}$ e pela mediatriz de $\overline{CD}$ de um polígono regular ABCD... mede 50°. Qual a soma dos ângulos desse polígono?

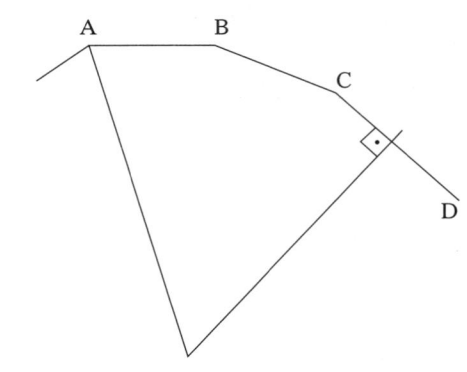

33 c) O ângulo que contêm de $\overline{CD}$ formado pelas retas que contêm os lados $\overline{AB}$ e $\overline{EF}$ de um polígono regular ABCDEFG..., mede 108°. Quantas diagonais tem este polígono?

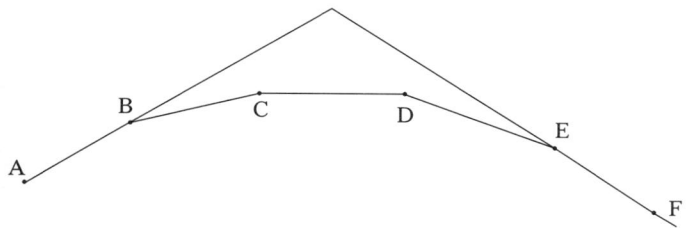

34 Determine o valor de **x** nos casos:

c) 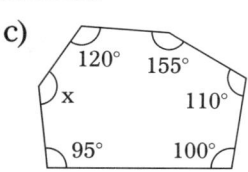   d) 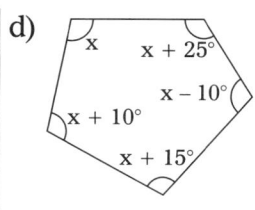   e)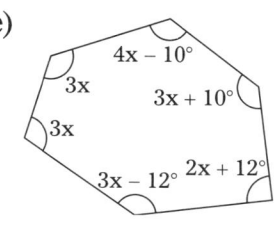

35 Determine **x** nos casos:

a) 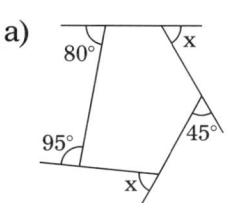   b)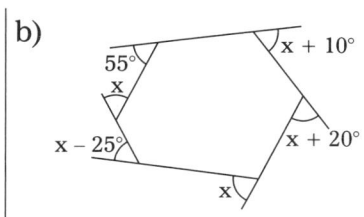

36 Determine as incógnitas se os polígonos são regulares, nos casos:

a) Pentágono e quadrado
b) Pentágono e triângulo
c) Hexágono e quadrado
d) Hexágono e pentágono

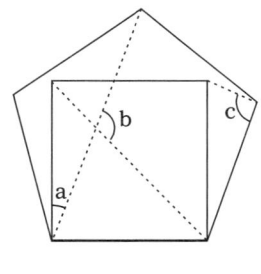 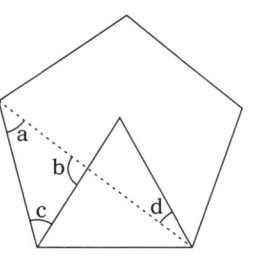 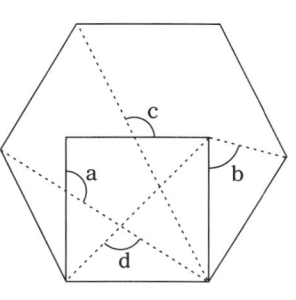 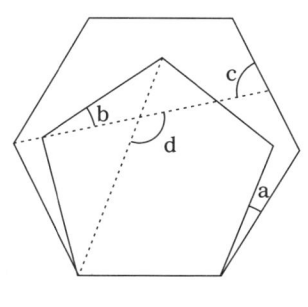

37 Resolver:

a) Qual é o polígono convexo cujo número de diagonais é o quádruplo do número de lado?

b) Qual é o polígono cujo e os número de lados é o do número de diagonais?

Resp: **21** a) 14 b) 35 c) 90   **22** a) 540° b) 720° c) 1080° d) 1260°   **23** a) 360° b) 360° c) 360° d) 360°

24 a) 180° b) 360° c) 540° d) 720°   **25** a) 180°, 360°, 60°, 120°   b) 360°, 360°, 90°, 90°   c) 540°, 360°, 108°, 72°

d) 720°, 360°, 120°, 60°   **26** a) 108°, 36°, 36°, 72°   b) 120°, 30°, 60°, 90°   c) 36°, 36°, 72°, 72°   d) 72°, 72°, 108°

27 a) 135° b) 150° c) 160°   **28** a) 36° b) 10° c) 60° d) 18°

37

c) Qual é o polígono cujo número de diagonais excede o número de lados em 18?

d) Qual é o polígono cuja diferença entre os números de lados e diagonais é 25?

38 Resolver:

a) Quantas diagonais partem de cada vértice de um polígono de 25 lados?

b) Se de cada vértice de um polígono partem 30 diagonais, quantos lados tem esse polígono?

c) Se de cada vértice de um polígono partem 28 diagonais, quantas diagonais ele tem?

d) Se o ângulo interno de um polígono regular mede 170°, quantas diagonais partem de cada vértice desse polígono?

e) Se de cada vértice de um polígono regular partem 15 diagonais, quanto mede cada ângulo interno dele?

f) Se de cada vértice de um polígono partem 20 diagonais, quanto vale a soma dos ângulos internos desse polígono?

g) Se um polígono tem 324 diagonais, quantas partem de cada vértice?

h) Se a soma dos ângulos internos de um polígono vale 5400°, quantas diagonais partem de cada vértice dele?

39 Resolver:

a) Quantas diagonais tem o polígono regular cujo ângulo interno excede o ângulo externo em 90°?

b) O ângulo que contém os vértices **B** e **C** formado pelas bissetrizes de Â e D̂ de um polígono regular ABCD.... mede 60°. Quantas diagonais tem esse polígono?

c) As mediatrizes dos lados $\overline{AB}$ e $\overline{EF}$ de um polígono regular ABCDEFG... são perpendiculares. Quantas diagonais tem esse polígono?

d) O ângulo interno de um polígono regular excede o ângulo que contém $\overline{CD}$, formado pelas mediatrizes dos lados $\overline{AB}$ e $\overline{DE}$ em 148°. Quantos lados tem esse polígono?

e) Os números de lados de dois polígonos são números pares consecutivos. Se a soma das medidas dos ângulos internos desses dois polígonos é 3960°, quantas diagonais tem o polígono com maior número de lados?

f) A soma dos números de diagonais de três polígonos regulares cujos números de lados são números inteiros consecutivos é 82. Quantas diagonais tem o polígono com ângulo externo menor?

Resp: **29** a) 14   b) 25   c) 27   **30** a) 18   b) 45   c) 24   **31** a) 15   b) 36   c) 10   **32** a) 209   b) 170
33 a) 54   b) 2880°   c) 170   **34** c) 140°   d) 100°   e) 40°   **35** a) 70°   b) 60°
36 a) 18°, 117°, 81°   b) 36°, 96°, 48°, 24°   c) 120°, 75°, 120°, 105°   d) 12°, 12°, 84°, 132°
37 a) undecágono   b) quadrilátero

23

40 Se o triângulo ABP é equilátero, determine **x** nos casos:

a) ABCDE é pentágono regular

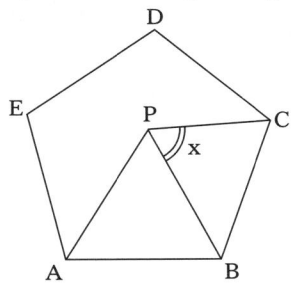

b) ABCDE é pentágono regular

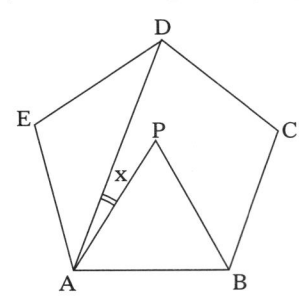

41 Quantas diagonais de um polígono regular de 18 lados não passam pelo centro do polígono?

42 Um polígono regular tem 189 diagonais. Quantas delas não passam pelo centro?

43 A diferença entre o número de diagonais que não passam pelo centro e o número das que passam pelo centro, de um polígono regular é de 42. Quanto mede o ângulo interno desse polígono?

44 Resolver:

a) Qual o polígono regular que tem 6 diagonais passando pelo seu centro?

b) Um polígono regular tem 170 diagonais. Quantas passam pelo centro?

c) O ângulo interno de um polígono regular mede 140°, quantas diagonais passam pelo centro?

d) Um polígono regular tem 30 diagonais que não passam pelo centro. Quanto mede cada ângulo interno desse polígono?

45 Resolver:

a) De um polígono regular ABCDE...sabemos que o ângulo ACB mede 10°. Quantas diagonais deste polígono não passam pelo centro?

b) O ângulo AD̂C de um polígono regular ABCDEF... mede 30°; determinar a soma dos ângulos internos desse polígono?

c) As mediatrizes dos lados $\overline{AB}$ e $\overline{CD}$ de um polígono regular ABCDEF... formam um ângulo, que contém B e C, de 20°. Quantas diagonais desse polígono passam pelo centro?

d) As bissetrizes dos ângulos internos Â e Ê de um polígono regular ABCDEFG... são perpendiculares. Qual a soma dos ângulos internos desse polígono?

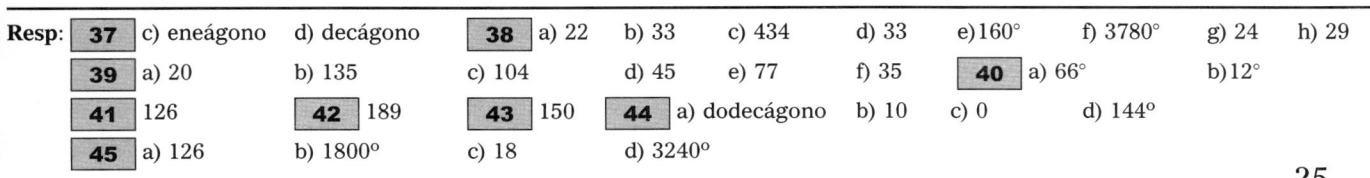

Resp: **37** c) eneágono d) decágono   **38** a) 22 b) 33 c) 434 d) 33 e) 160° f) 3780° g) 24 h) 29
39 a) 20 b) 135 c) 104 d) 45 e) 77 f) 35   **40** a) 66° b) 12°
41 126   **42** 189   **43** 150   **44** a) dodecágono b) 10 c) 0 d) 144°
45 a) 126 b) 1800° c) 18 d) 3240°

25

III ÂNGULOS RELACIONADOS COM ARCOS

1 – Ângulo central

Ângulo central tem a mesma medida que o arco compreendido entre seus lados

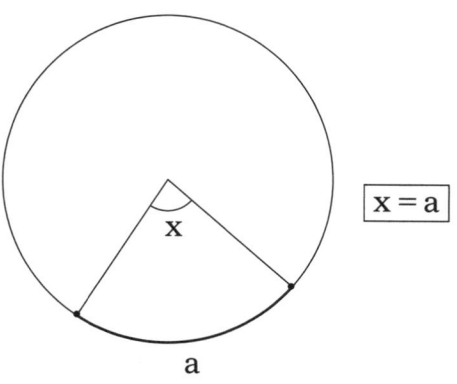

$$x = a$$

2 – Ângulo inscrito

Ângulo inscrito mede a metade do ângulo central correspondente, ou seja, a metade do arco compreendido entre seus lados.

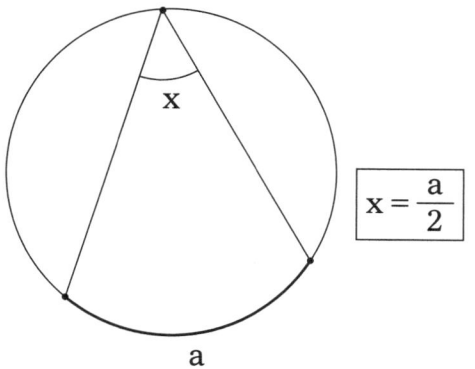

$$x = \frac{a}{2}$$

3 – Ângulo de segmento

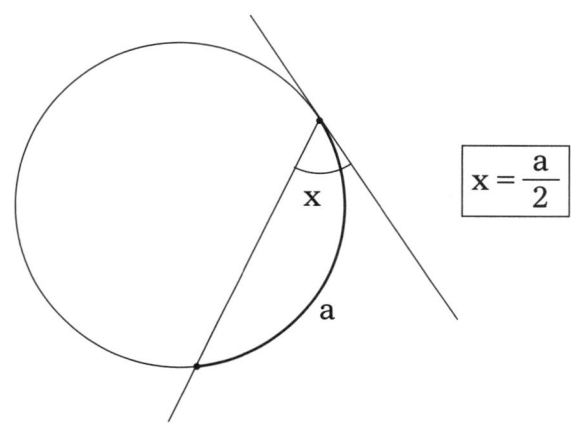

$$x = \frac{a}{2}$$

4 – Ângulo excêntrico interior

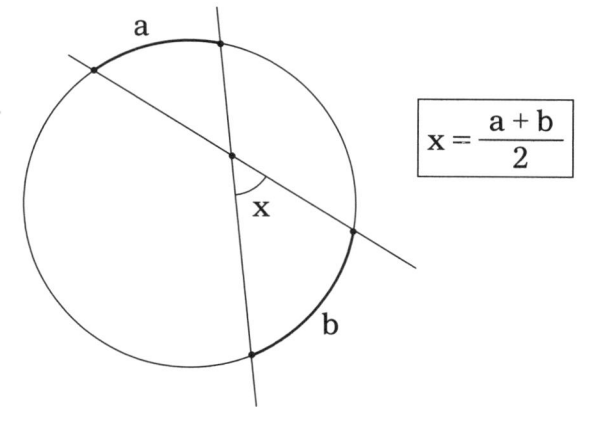

$$x = \frac{a+b}{2}$$

5 – Ângulos excêntrico exterior

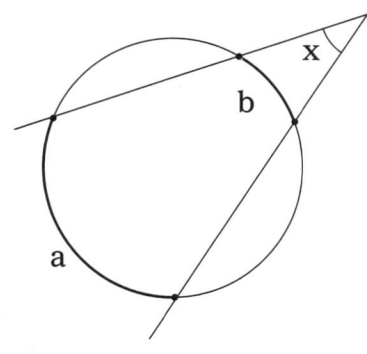
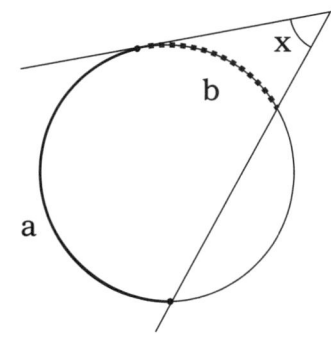
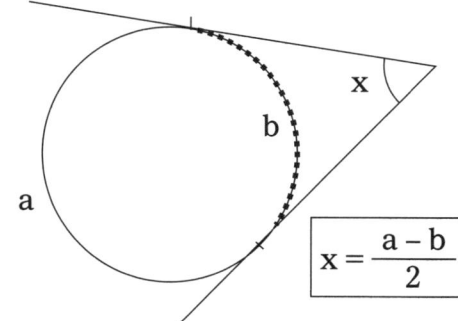

$$x = \frac{a-b}{2}$$

6 – Quadrilátero inscrito: Ângulos opostos são suplementares

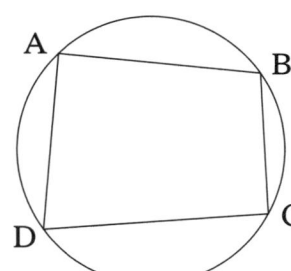

$$\hat{A} + \hat{C} = \hat{B} + \hat{D} = 180º$$

Exemplo 1: Determinar x, nos casos

a)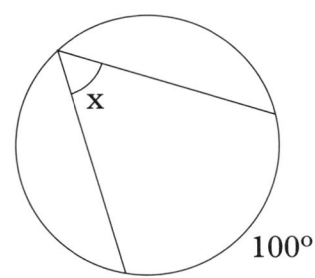

$$x = \frac{100}{2} \Rightarrow x = 50°$$

b)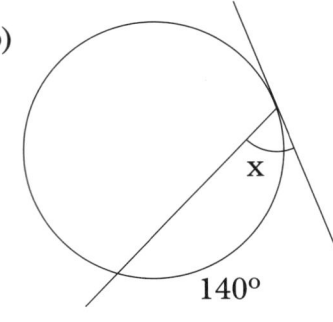

$$x = \frac{140°}{2} \Rightarrow x = 70°$$

c)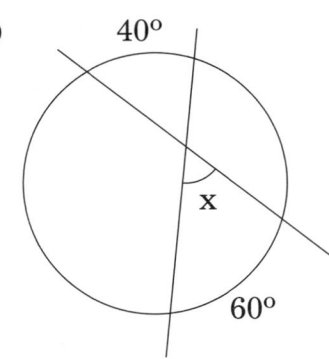

$$x = \frac{60 + 40}{2} \Rightarrow x = 50°$$

d)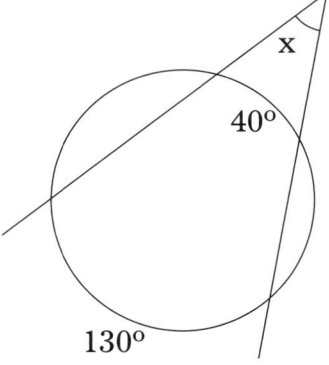

$$x = \frac{130° - 40°}{2} \Rightarrow x = 45°$$

e)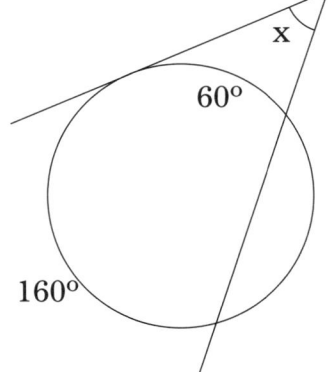

$$x = \frac{160° - 60°}{2} \Rightarrow x = 50°$$

f)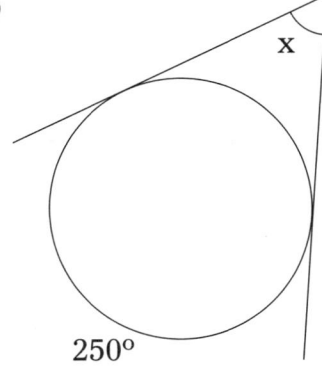

$$x = \frac{250° - 110°}{2} \Rightarrow x = 70°$$

Exemplo 2: Determinar as incógnitas, nos casos:

a)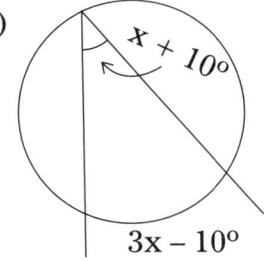

$$x + 10° = \frac{3x - 10°}{2}$$
$$2x + 20 = 3x - 10$$
$$\boxed{x = 30°}$$

b)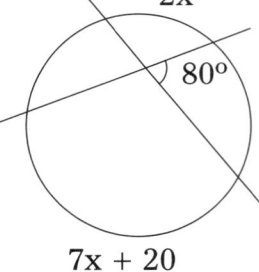

$$\frac{7x + 20° + 2x}{2} = 180° - 80°$$
$$9x + 20° = 200°$$
$$9x = 180°$$
$$\boxed{x = 20}$$

c) De acordo com as medidas indicados temos:

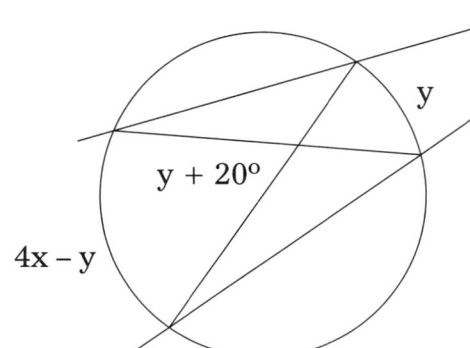

$$\begin{cases} y + 20° = \dfrac{4x - y + y}{2} \\ x - 10 = \dfrac{4x - y - y}{2} \end{cases} \Rightarrow \begin{cases} y + 20 = 2x \\ x - 10 = 2x - y \end{cases} \Rightarrow$$

$$\begin{cases} 2x - y = 20° \\ -x + y = 10° \end{cases} \Rightarrow \boxed{x = 30°} \Rightarrow \boxed{y = 40°}$$

Exemplo 3: Determinar as incógnitas e os ângulos do quadrilátero.

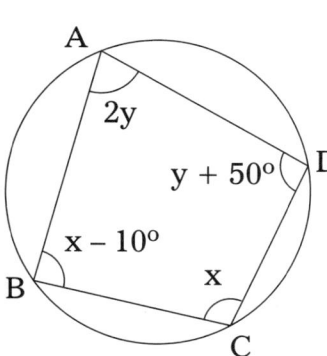

$$\begin{cases} x + 2y = 180° \\ x - 10° + y + 50° = 180° \end{cases} \Rightarrow \begin{cases} x + 2y = 180° \\ x + y = 140° \end{cases} \Rightarrow \boxed{y = 40°} \Rightarrow \boxed{x = 100°}$$

$\hat{A} = 2y \Rightarrow \boxed{\hat{A} = 80°}$, $\hat{C} = x \Rightarrow \boxed{\hat{C} = 100°}$

$\hat{B} = x - 10° \Rightarrow \boxed{\hat{B} = 90°}$, $\hat{D} = y + 50° \Rightarrow \boxed{\hat{D} = 90°}$

---

46 Lembre-se de que o ângulo central tem a mesma medida que o arco (em graus) que ele determina na circunferência e que os ângulos da base de um triângulo isósceles têm medidas iguais. Mostre que o ângulo inscrito mede a metade do arco oposto. Nos três casos.

a)

b) usar o item a

c) usar o item a

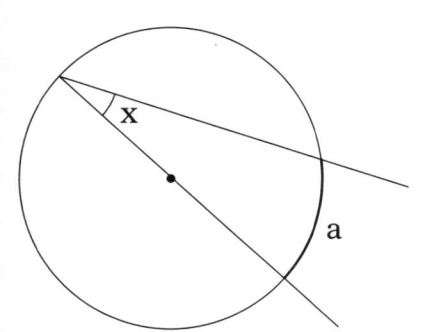
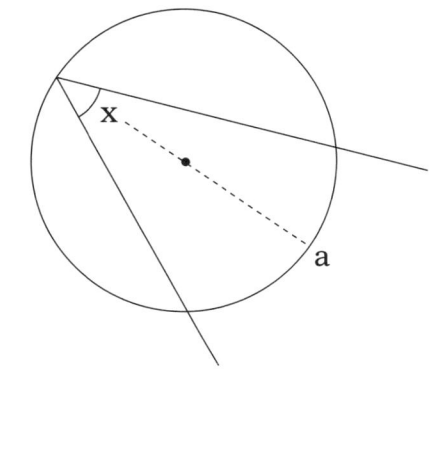
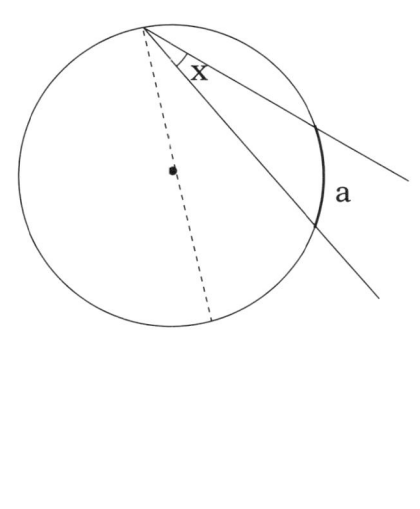

---

47 Usando que o ângulo inscrito mede a metade do arco oposto:

a) Mostre que o de segmento mede a metade do arco contido nele.

b) Mostre que o exêntrico interno mede a metade da soma dos arcos que ele e o o.p.v. a ele determinam.

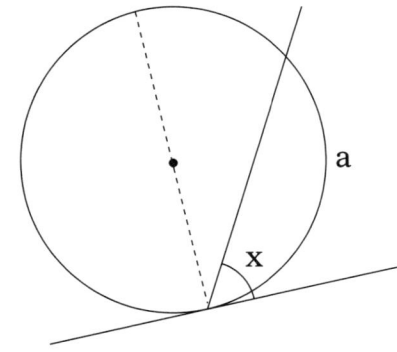
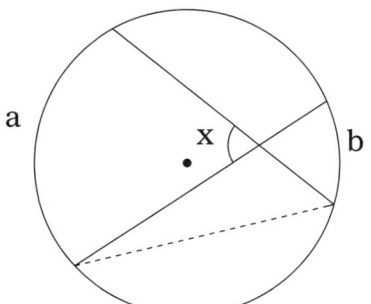

c) Mostre que o excêntrico exterior mede a metade da diferença positiva da diferença positiva entre os arcos que estão contidos nele.

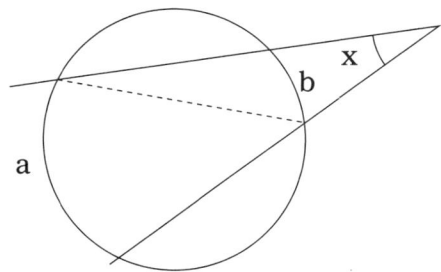

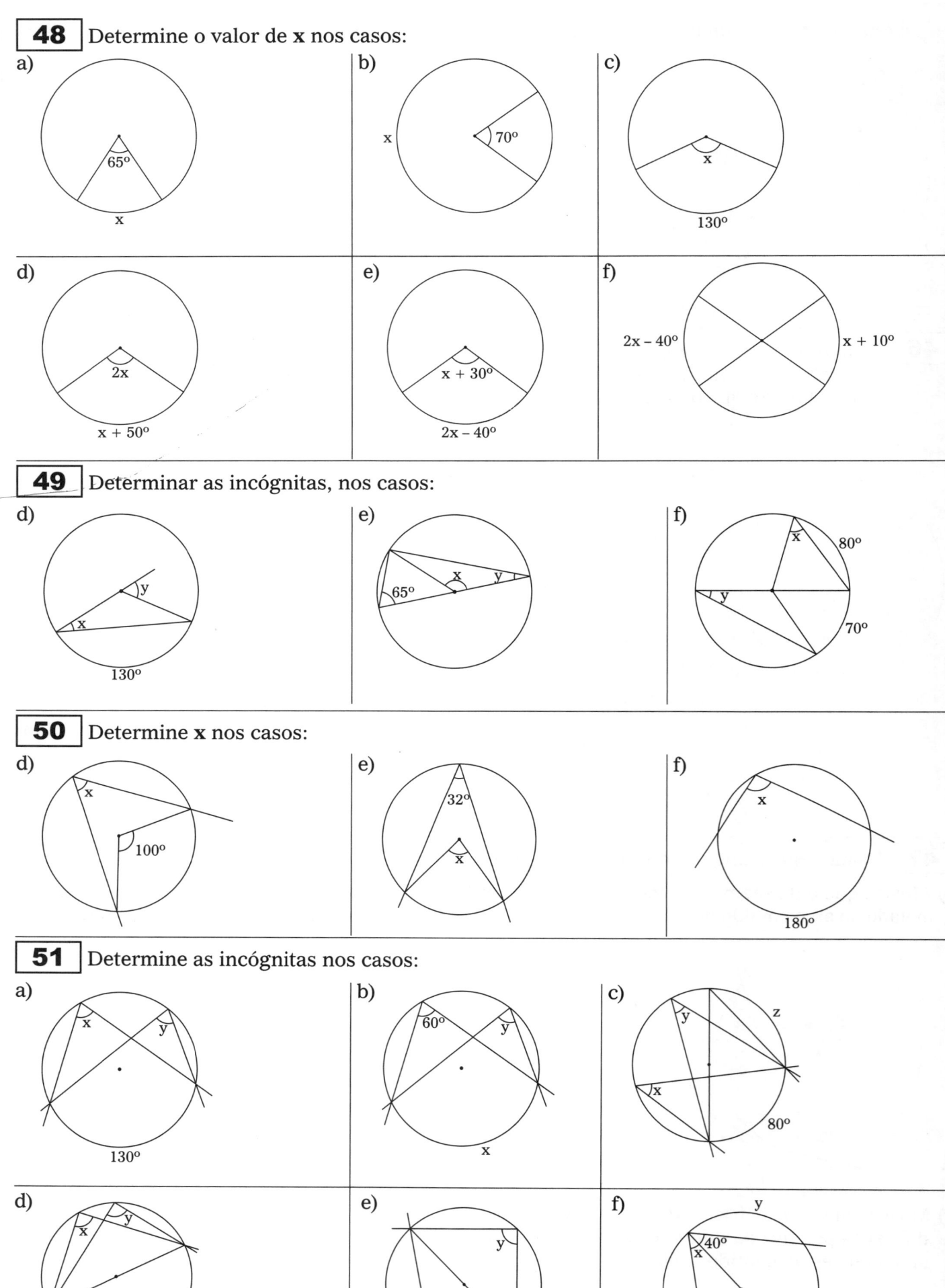

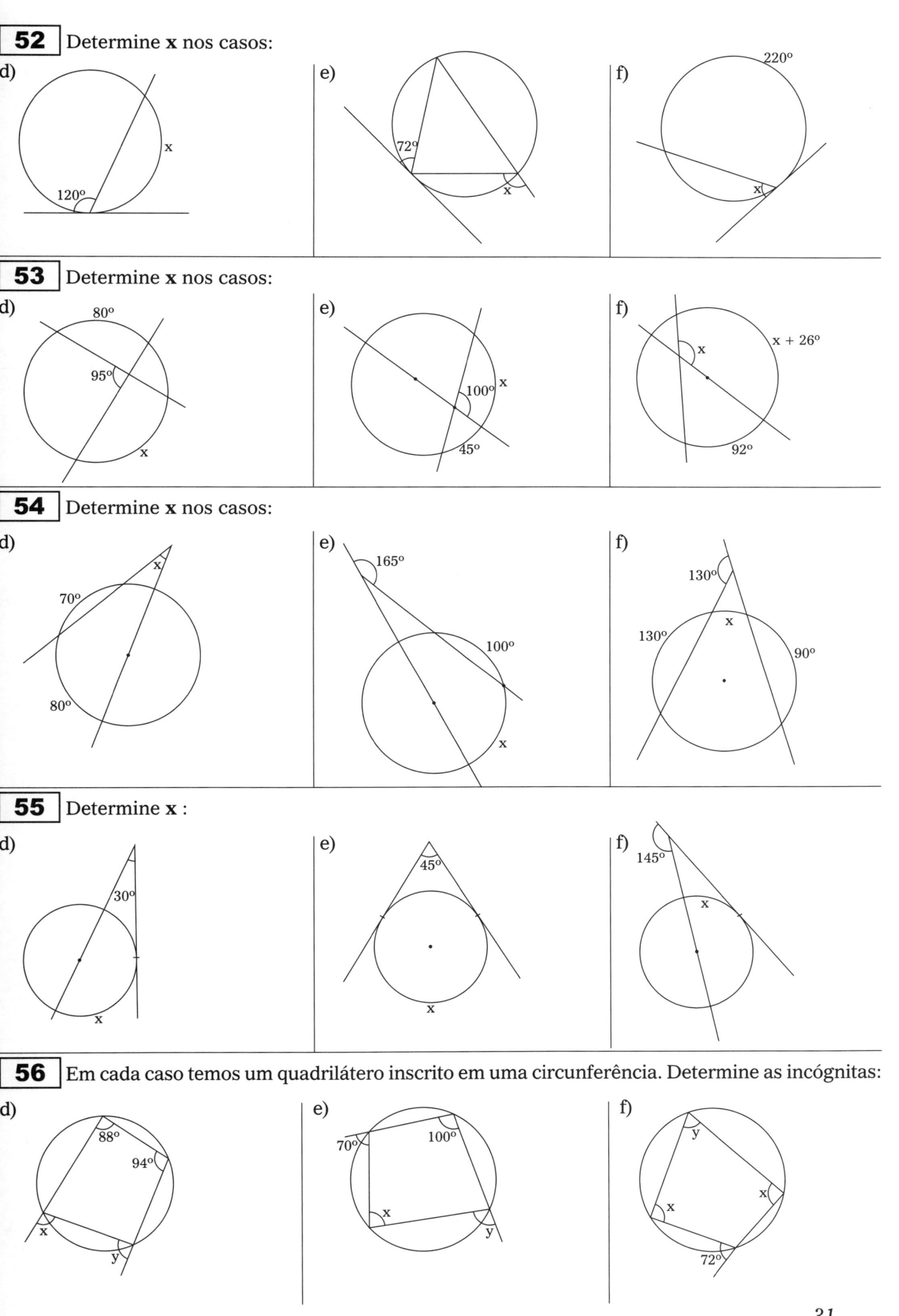

57 O quadrilátero ABCD em cada caso é inscritível. Determine seus ângulos:

a)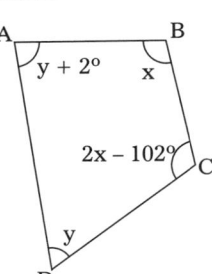

b)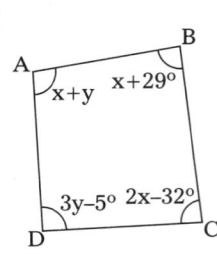

58 Determine as incógnitas nos casos:

a)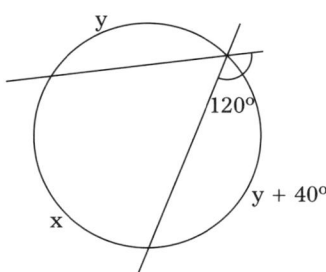

b)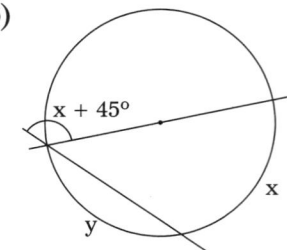

c)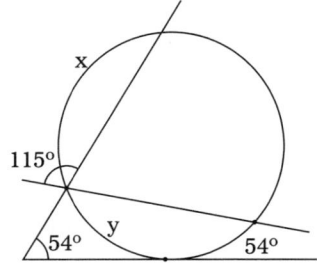

59 Determine as incógnitas nos casos:

a)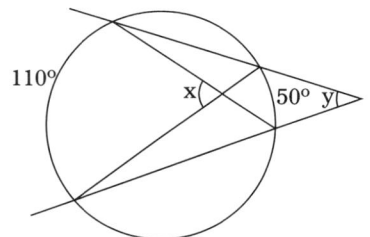

b)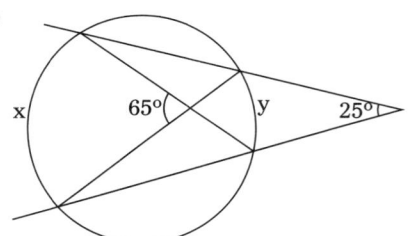

60 Determine $\hat{A} + \hat{C}$ nos casos:

a)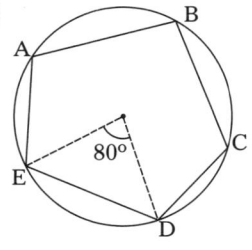

b)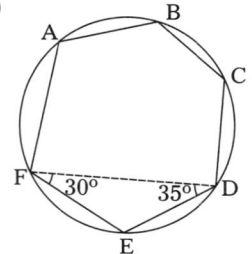

61 Determine **x** e **y**.

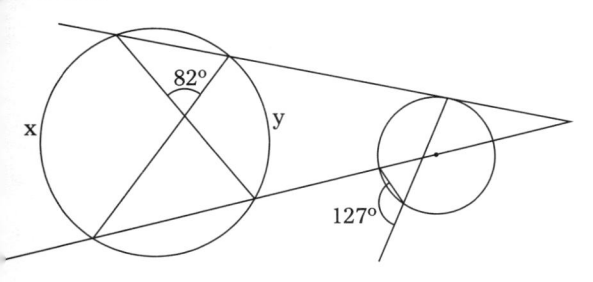

62 Determine o valor do ângulo **x** nos casos:

a) b) 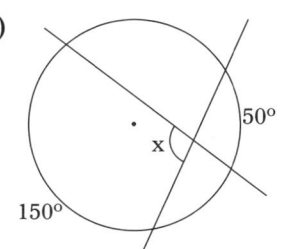 c)

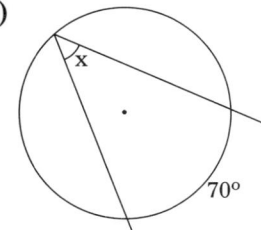

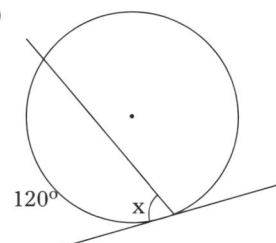

d) 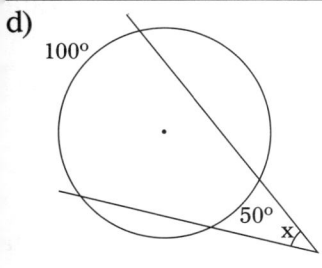 e) 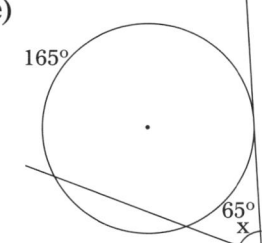 f)

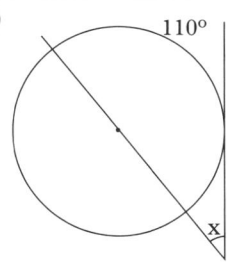

63 Determine o valor do arco **x** nos casos:

a) b) 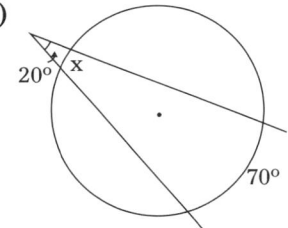 c)

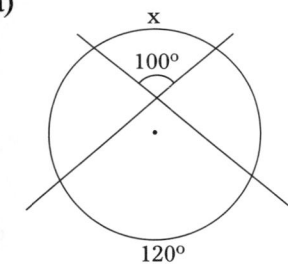

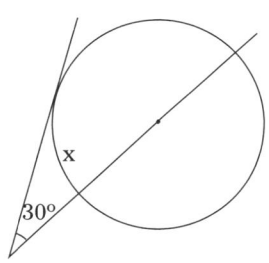

d) 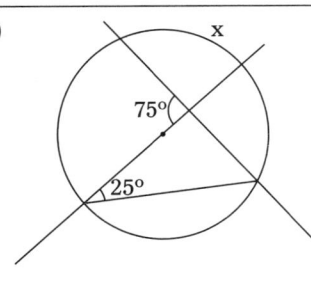 e) 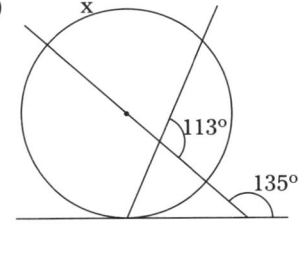 f)

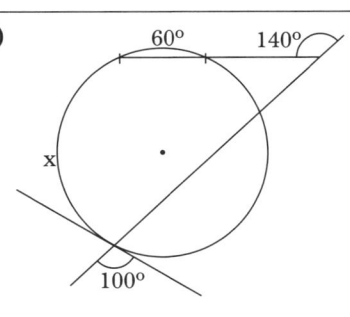

Resp: **48** a) 65° b) 290° c) 130° d) 50° e) 70° f) 50° **49** d) 25°, 50° e) 130°, 25° f) 50°, 35°
50 d) 50° e) 64° f) 90° **51** a) 65°, 65° b) 120°, 60° c) 40°, 40°, 100° d) 90°, 90° e) 90°, 90°
f) 35°, 100° **52** d) 120° e) 108° f) 70° **53** d) 90° e) 65° f) 114° **54** d) 25°
e) 55° f) 20° **55** d) 120° e) 225° f) 55° **56** d) 94°, 88° e) 80°, 110° f) 90°, 72°

33

IV RELAÇÕES MÉTRICAS NO CÍRCULO

B – Relações métricas no círculo

I) cordas

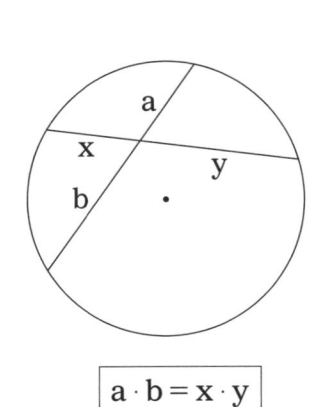

$$a \cdot b = x \cdot y$$

II) secantes

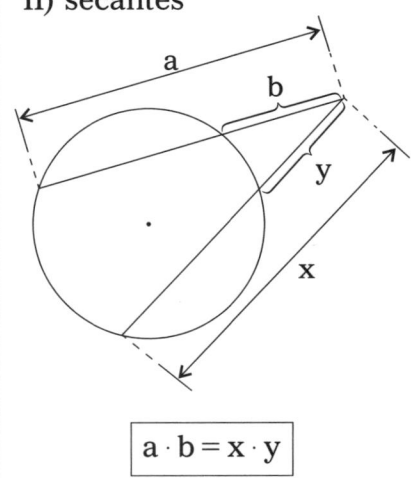

$$a \cdot b = x \cdot y$$

III) tangente e secante

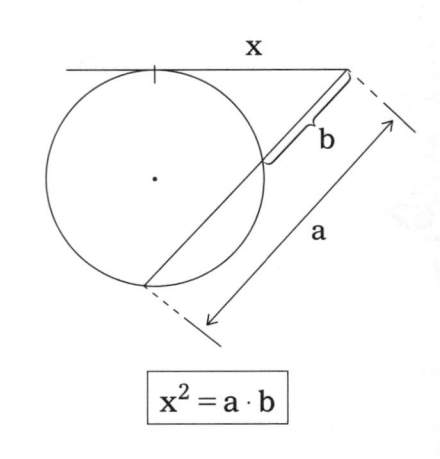

$$x^2 = a \cdot b$$

B1 – Cordas concorrentes em um ponto interno P

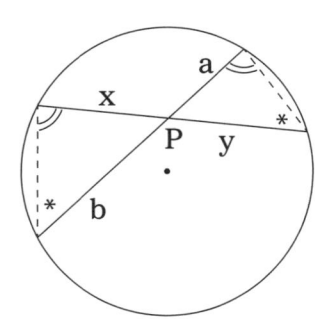

Pela igualdade das medidas dos ângulos indicados na figura, obtemos que os triângulos são semelhantes (AA).

Então:

$$\frac{x}{a} = \frac{b}{y} \Rightarrow \boxed{xy = ab}$$

Obs: O produto ab (ou xy) é chamado **potência do ponto P** em relação a esta circunferência.

B2 – Segmentos secantes com extremidades em um ponto externo P

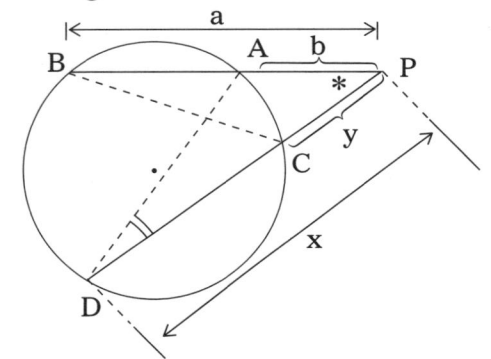

Pela igualdade das medidas dos ângulos indicados na figura, obtemos que os triângulos PAD e PCB são semelhantes (AA).

Então:

$$\frac{a}{x} = \frac{y}{b} \Rightarrow \boxed{xy = ab}$$

Obs: O produto ab (ou xy) é chamado **potência do ponto P** em relação a esta circuferência.

B3 – Um segmento tangente e outro secante com extremidades em um ponto externo P

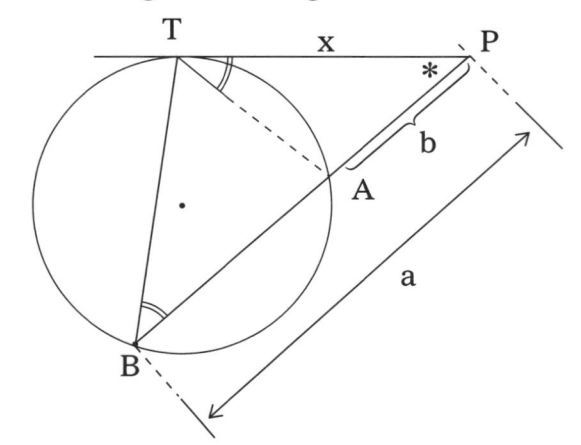

Pela igualdade das medidas dos ângulos indicados na figura, obtemos que os triângulos PTA e PBT são semelhantes (AA).

Então:

$$\frac{x}{a} = \frac{b}{x} \Rightarrow \boxed{x^2 = ab}$$

Obs: O produto ab (ou x^2) é chamado **potência do ponto P** em relação a esta circunferência.

Exemplo 1: Determinar a potência do ponto P em relação à circunferência **f** dada nos casos:

a)

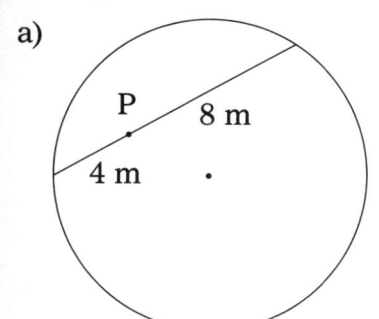

Pot (P) = 4 m · 8 m = 32 m^2

b)

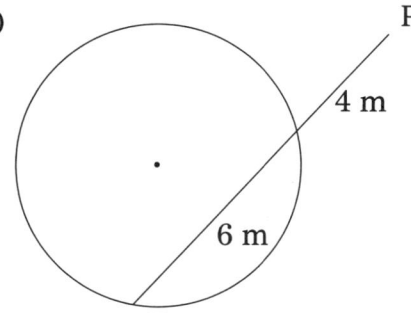

Pot (P) = 4 (4 + 6) ⇒
Pot (P) = 40 m^2

c)

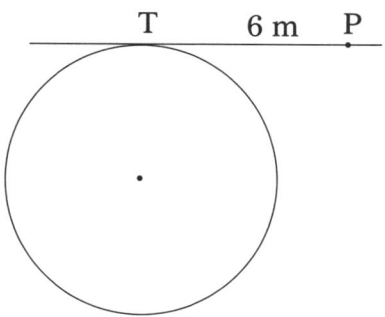

Pot (P) = (6m)^2 = 36 m^2

Exemplo 2: Determine o valor de x nos casos:

a)

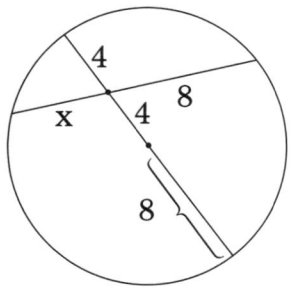

$x \cdot 8 = (8 + 4) \cdot 4 \Rightarrow$
$8x = 48 \Rightarrow \boxed{x = 6}$

b)

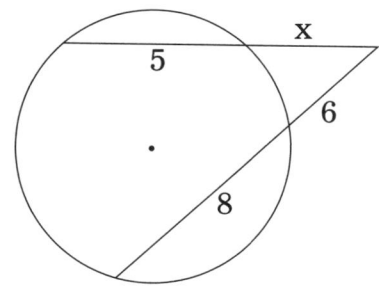

$x(x + 5) = 6 \cdot (6 + 8)$
$x^2 + 5x - 84 = 0$
$(x + 12)(x - 7) = 0$
$\boxed{x = 7}$

c)

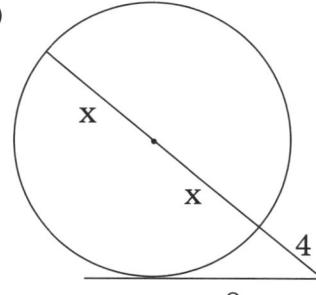

$8^2 = 4(4 + 2x) \Rightarrow$
$64 = 16 + 8x \Rightarrow$
$8^2 = 2 + x \Rightarrow \boxed{x = 6}$

64 Determine o valor de x nos casos:

a)

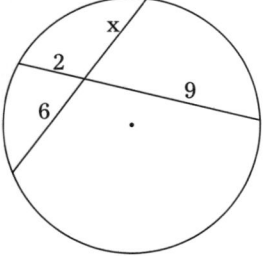

b)

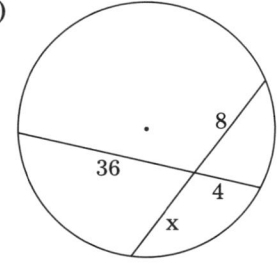

c)

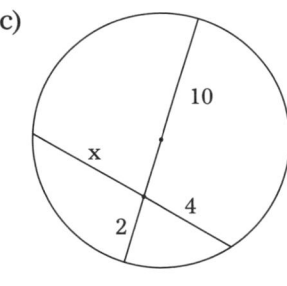

d)

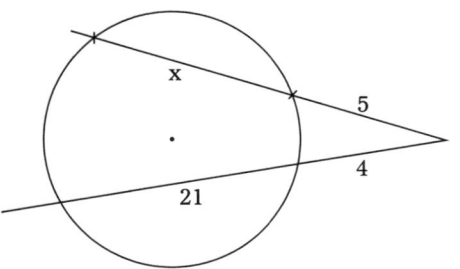

e)

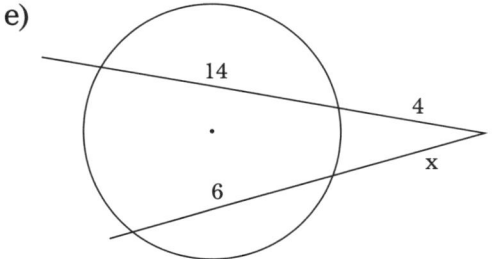

Resp: **57** a) 82°, 100°, 98°, 80°   b) 92°, 89°, 88°, 91°   **58** a) 120°, 100°   b) 90°, 90°   c) 100°, 76°   **59** a) 80°, 30°   b) 90°, 40°
60 a) 220°   b) 245°   **61** 114°, 82°   **62** a) 35°   b) 100°   c) 60°   d) 25°   e) 50°
f) 20°   **63** a) 80°   b) 30°   c) 60°   d) 80°   e) 89°   f) 110°

35

65 Determine **x** nos casos:

a)

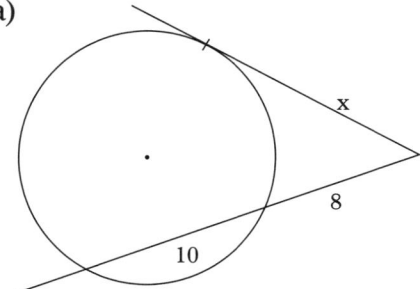

b)

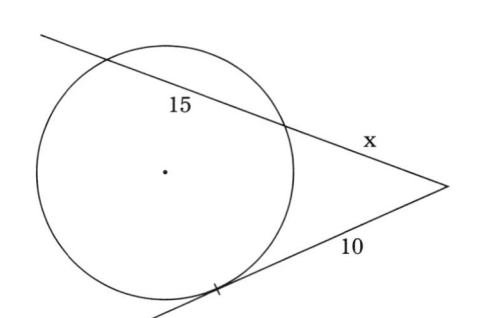

c)

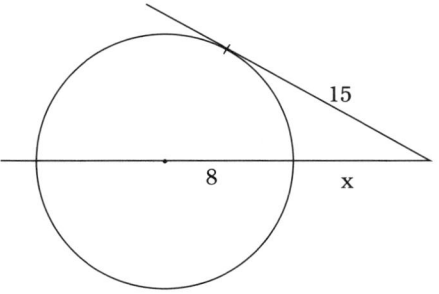

d)

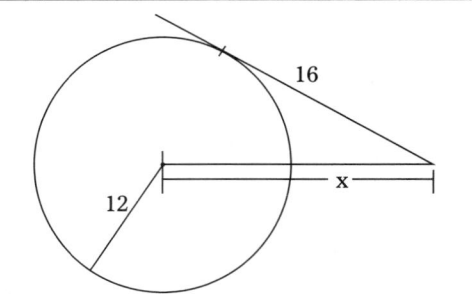

66 Determine **x** nos casos:

a)

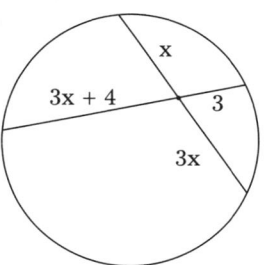

b)

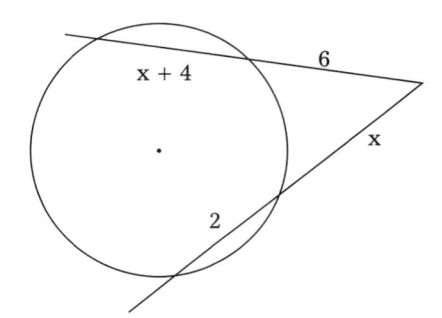

c)

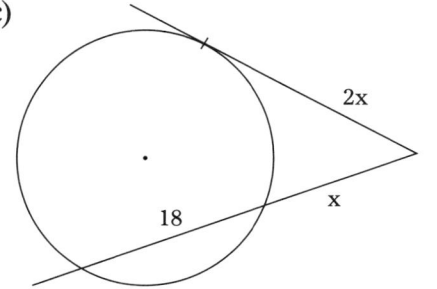

d)

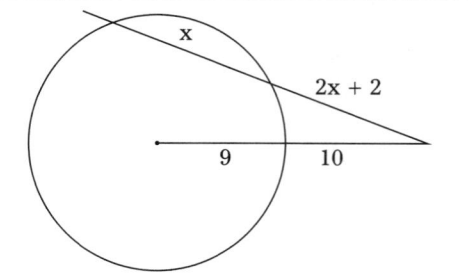

67 Determine o raio do círculo nos casos:

a) [círculo com cordas que se cruzam: 12, 4, 7]

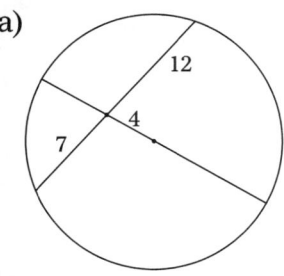

b) [círculo com tangente 16 e secante com parte externa 8]

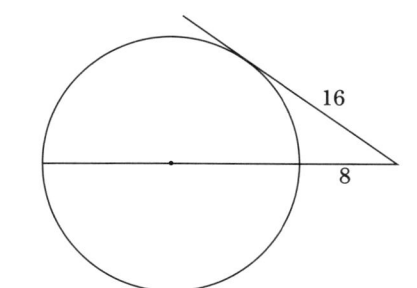

c) [círculo com tangente 8 e secante com parte externa 4]

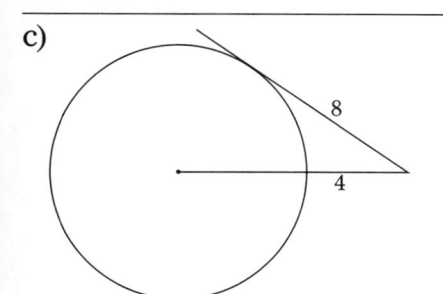

d) [círculo com secantes: 18, 12, 10]

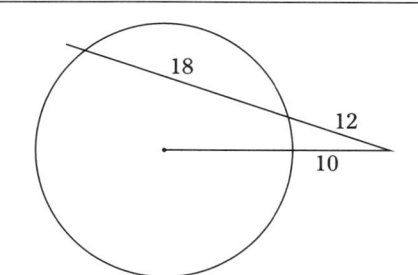

68 Determinar a incógnita:

a) [tangente x, secante com partes 6 e 2]

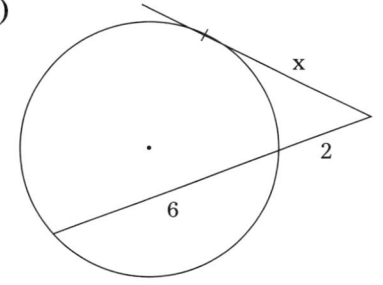

b) [cordas: 8, 4, x, 6]

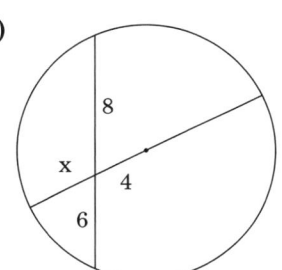

c) [secantes: 5, x, 2, 10]

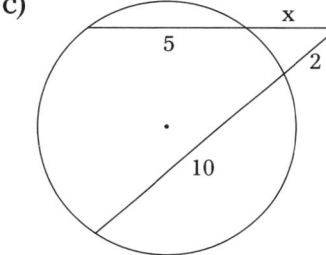

69 Determinar o raio do círculo nos casos:

a) [cordas: 14, 6, 10, e outra parte]

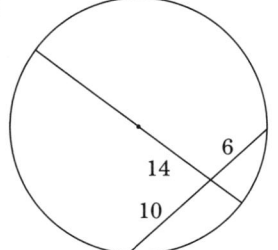

b) [secantes externas: 10, 8, 4]

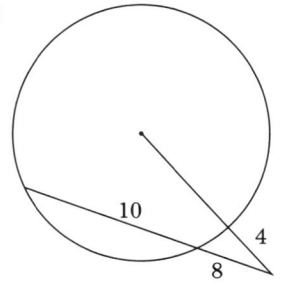

c) [secantes: 11, 5, 4, 12, 2]

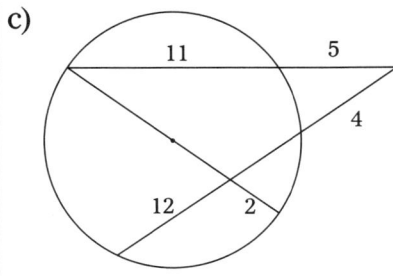

Resp: **64** a) 3   b) 18   c) 9   d) 15   e) 6

70 Determinar o valor de x, nos casos:

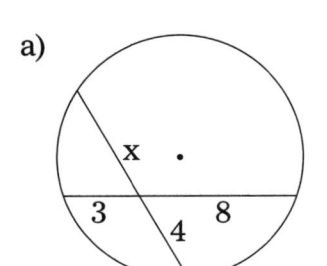

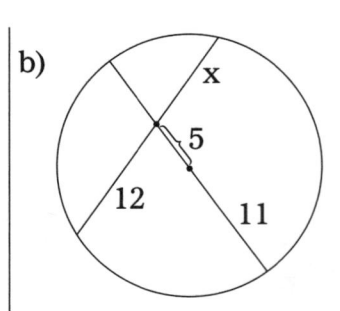

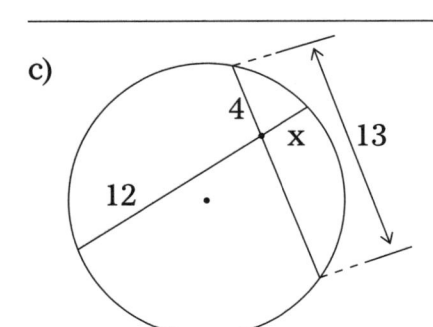

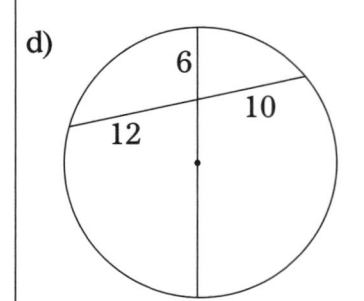

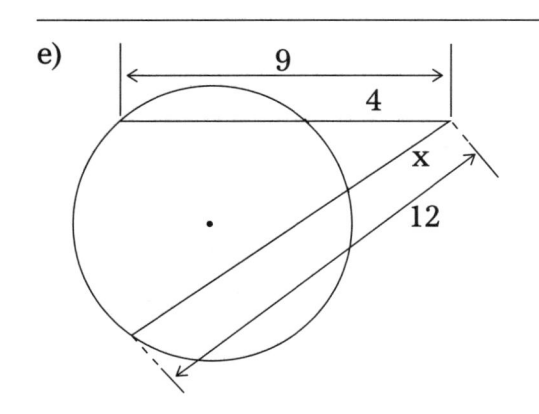

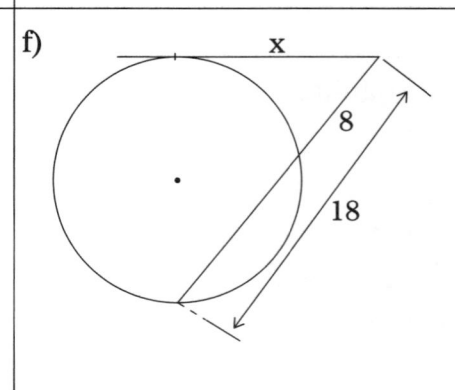

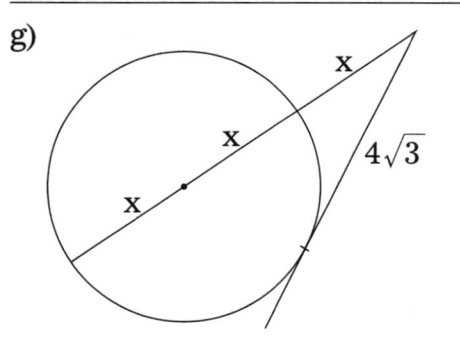

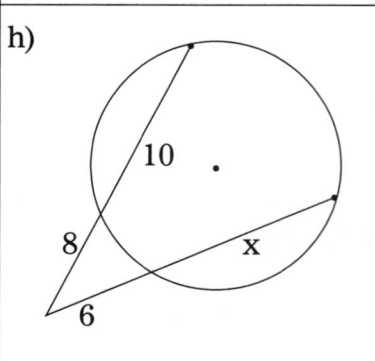

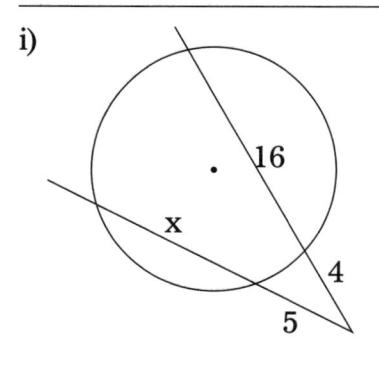

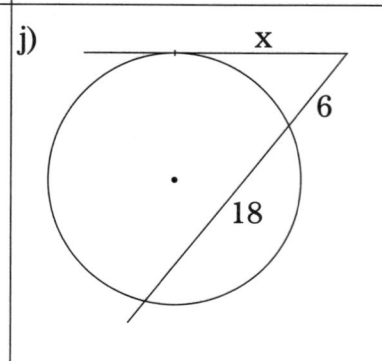

a)

b)

c)

d)

e)

f)

g)

h)

i)

j)

71 Determinar as incógnitas, nos casos:

a)
- Chord with segments $2x-8$ and 7 intersecting chord with segments 4 and x

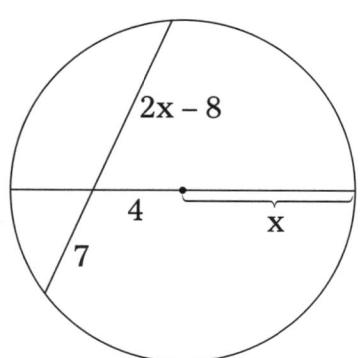

b)
- Chord with segments $2x+4$ and 6 intersecting chord with segments x and $3x+6$

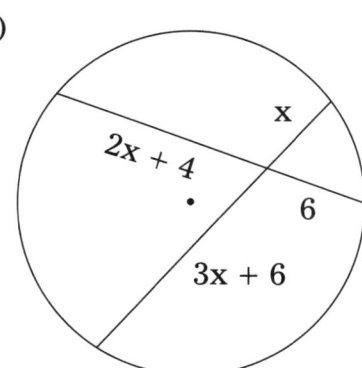

c)
- External point: secant with external part x and chord $x+12$; secant with external part 4 and chord $4x+8$

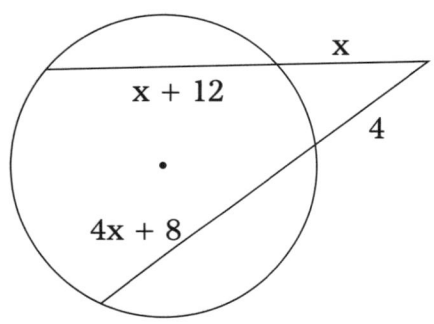

d)
- Tangent $x+4$ from external point; secant with external part x and chord $x+8$

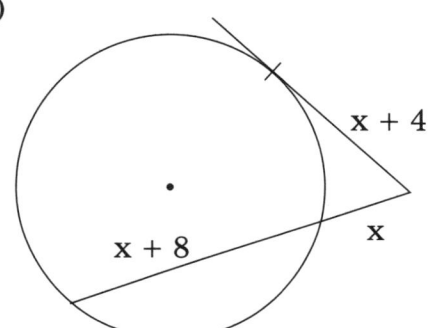

e)
- Secant with external part $x-5$ and chord $2x+2$; secant with external part $x-2$ and chord x

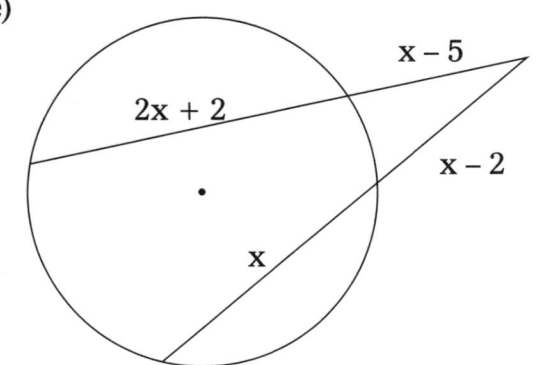

Resp: **65** a) 12 b) 5 c) 9 d) 20   **66** a) 4 b) 10 c) 6 d) 6   **67** a) 10 b) 12 c) 6 d) 13
68 a) 4 b) 4 c) 3   **69** a) 16 b) 16 c) 13

39

72 Determinar o raio da circunferência, nos casos:

a)

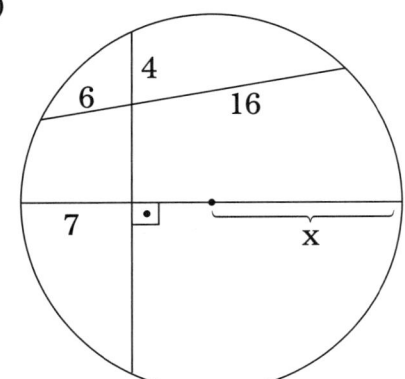

b)

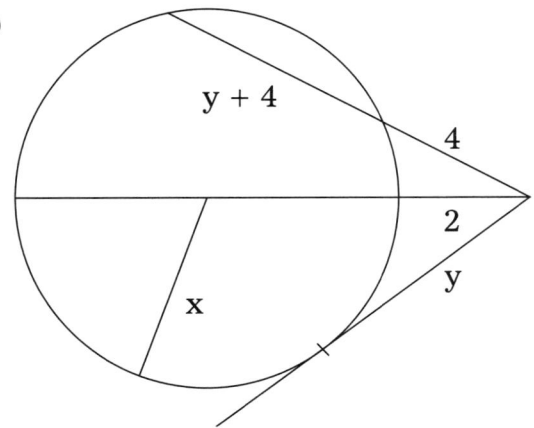

c)

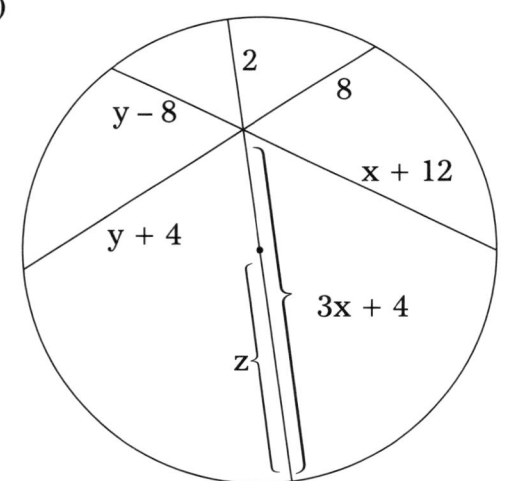

73 Determinar o comprimento da circunferência e a área do círculo, nos casos:

a)

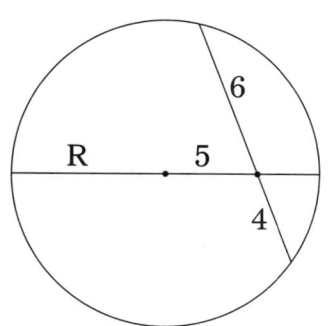

b)

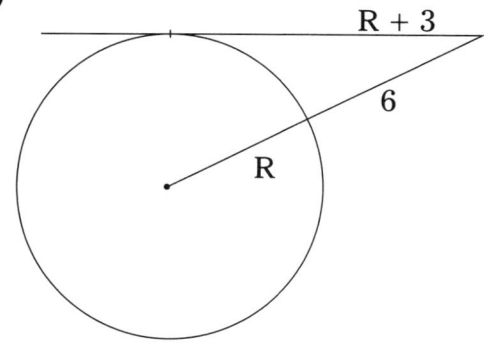

c)

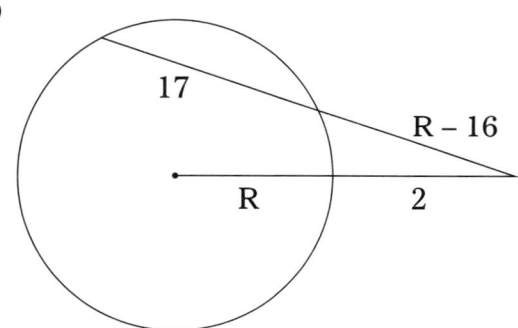

d)

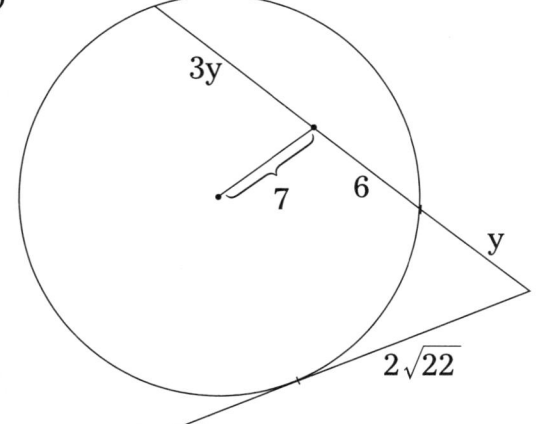

Resp: **70** a) 6 b) 8 c) 3 d) 13 e) 3 f) 12 g) 4 h) 18 i) 11 j) 12   **71** a) 10 b) 4 c) 6 d) 4 e) 11

41

74 Determinar o valor de x, nos casos:

a)

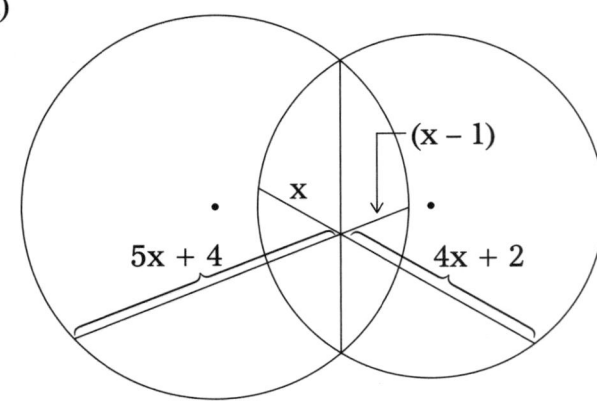

b)

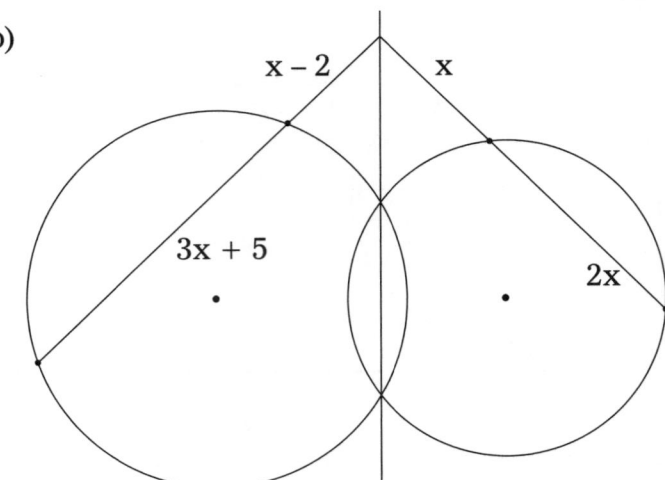

c)

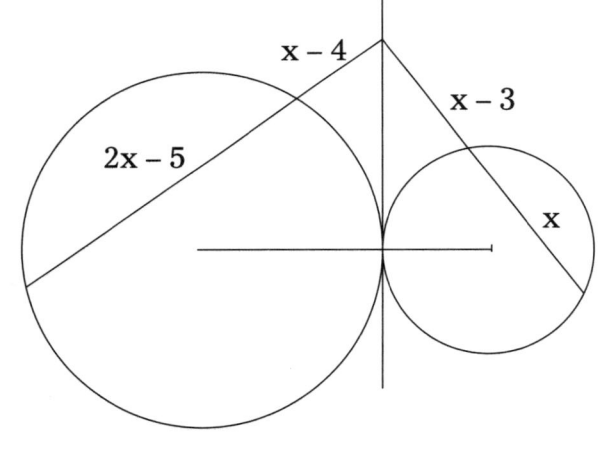

d)

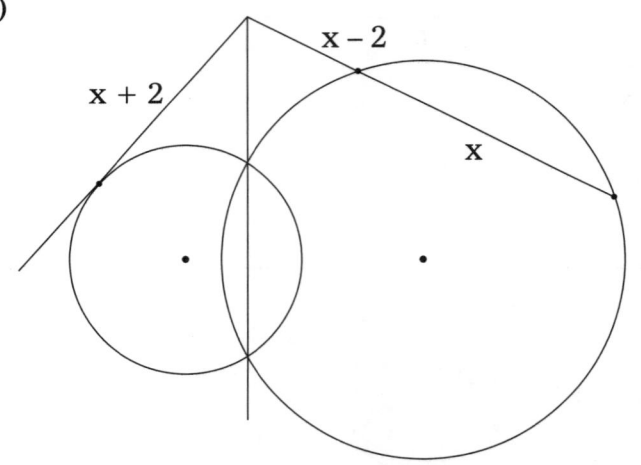

75 Dado um triângulo retângulo de hipótenusa **a** e catetos **b** e **c**, considere uma circunferência de raio **a** com centro em uma das extremidades da hipotenusa. Escrevendo a potência do vértice do ângulo reto em relação a essa circunferência, mostre o teorema de Pitágoras.

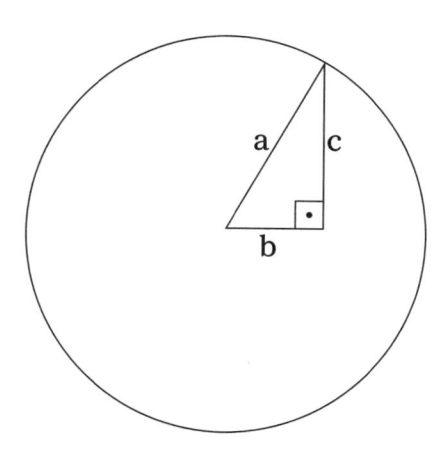

76 Mostre que o segmento de tangente comum a duas circunferências tangentes externamente é a media geométrica entre os diâmetros, delas.

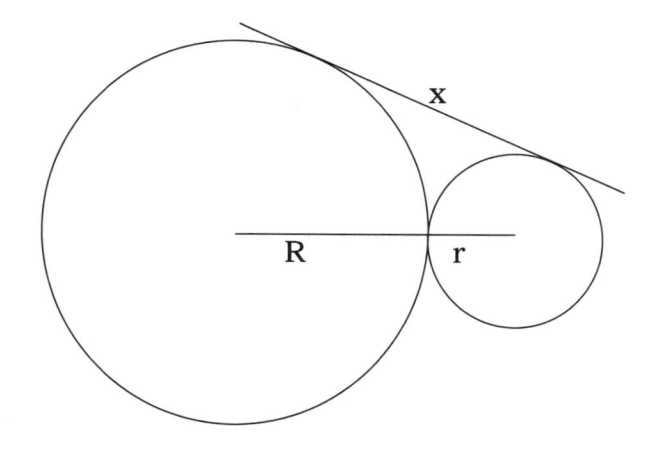

Resp: **72** a) 17,5   b) 15   c) 33   **73** a) 14π m, 49π m²   b) 18π m, 81π m²   c) 40π m, 400π m²   d) 22π m, 121π m²

V | LEI DOS COSSENOS E LEI DOS SENOS

1 – Lei dos cossenos

"O quadrado de um lado de um triângulo é igual à soma dos quadrados dos outros dois menos duas vezes o produto desses dois lados pelo cosseno do ângulo formado por eles"

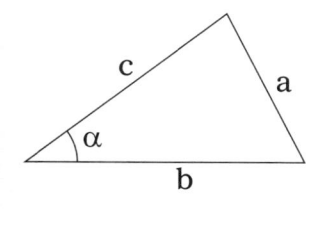

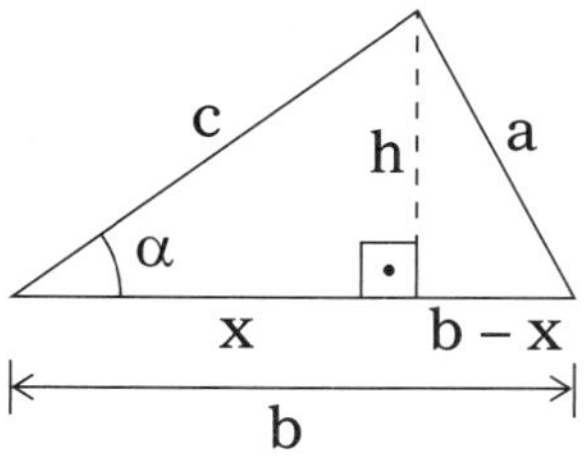

1) $\cos\alpha = \dfrac{x}{c} \Rightarrow \boxed{x = c \cdot \cos\alpha}$

$\begin{cases} h^2 + x^2 = c^2 \\ h^2 + (b-x)^2 = a^2 \end{cases}$

2) $\begin{cases} -h^2 - x^2 = -c^2 \\ h^2 + b^2 - 2bx + x^2 = a^2 \end{cases}$

$b^2 - 2bx = -c^2 + a^2 \Rightarrow$

$\Rightarrow a^2 = b^2 + c^2 - 2bx$ e $x = c\cos\alpha \Rightarrow \boxed{a^2 = b^2 + c^2 - 2bc\cos\alpha}$

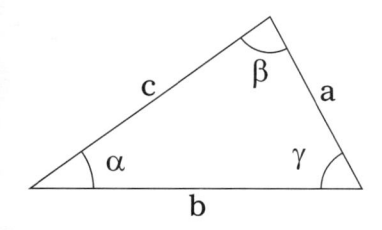

Então: $\boxed{\begin{array}{l} a^2 = b^2 + c^2 - 2bc\cos\alpha \\ b^2 = a^2 + c^2 - 2ac\cos\beta \\ c^2 = a^2 + b^2 - 2ab\cos\gamma \end{array}}$

2 – Lei dos senos

"Os lados de um triângulo são proporcionais aos senos dos ângulos opostos e esta razão lado sobre seno do ângulo oposto é igual ao diâmetro da circunferência circunscrita ao triângulo."

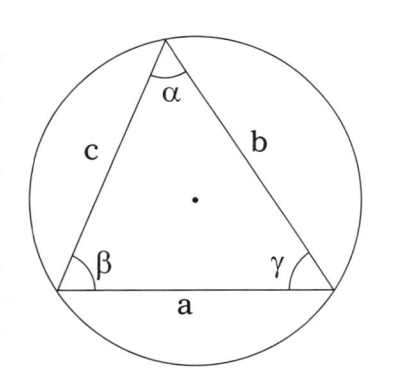

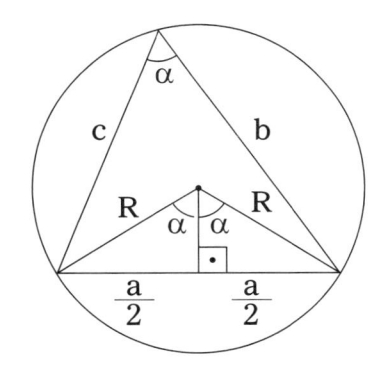

$\operatorname{sen}\alpha = \dfrac{\frac{a}{2}}{R} \Rightarrow \operatorname{sen}\alpha = \dfrac{a}{2R}$

$\Rightarrow \boxed{\dfrac{a}{\operatorname{sen}\alpha} = 2R}$

De modo análogo obtemos:

$\dfrac{b}{\operatorname{sen}\beta} = 2R$ e $\dfrac{c}{\operatorname{sen}\gamma} = 2R$

Então: $\boxed{\dfrac{a}{\operatorname{sen}\alpha} = \dfrac{b}{\operatorname{sen}\beta} = \dfrac{c}{\operatorname{sen}\gamma} = 2R}$

Obs: A lei dos cossenos e a lei dos senos são válidas também para triângulos retângulos e triângulos obtusângulos.

Exemplo 1: Determinar x nos casos:

a)

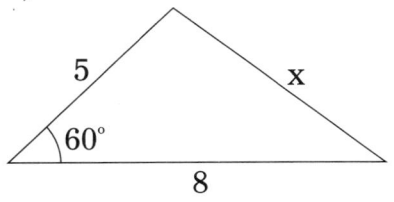

Lei dos cossenos:

$x^2 = 5^2 + 8^2 - 2\cdot 5\cdot 8\cdot\cos 60°$

$x^2 = 25 + 64 - 2\cdot 40\cdot\dfrac{1}{2} \Rightarrow$

$x^2 = 89 - 40 \Rightarrow x^2 = 49 \Rightarrow \boxed{x = 7}$

Resp: | 74 | a) 4 b) 6 c) 9 d) 10

Exemplo 2: Determinar x nos casos:

a)

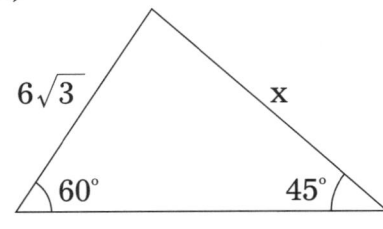

Lei dos senos:

$$\frac{x}{\text{sen } 60°} = \frac{6\sqrt{3}}{\text{sen } 45°} \Rightarrow x \cdot \text{sen } 45° = 6\sqrt{3} \cdot \text{sen } 60°$$

$$x \frac{\sqrt{2}}{2} = 6\sqrt{3} \cdot \frac{\sqrt{3}}{2} \Rightarrow x = \frac{18}{\sqrt{2}} \cdot \frac{\sqrt{2}}{\sqrt{2}} \Rightarrow \boxed{x = 9\sqrt{2}}$$

Exemplo 3: Determinar o raio da circunferência circunscrita ao triangulo, nos casos:

a)

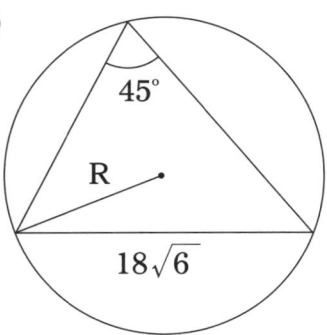

$$\frac{18\sqrt{6}}{\text{sen } 45°} = 2R \Rightarrow$$

$$2R = \frac{18\sqrt{6}}{\frac{\sqrt{2}}{2}} \Rightarrow$$

$$2R = 36\sqrt{3} \Rightarrow \boxed{R = 18\sqrt{3}}$$

b)

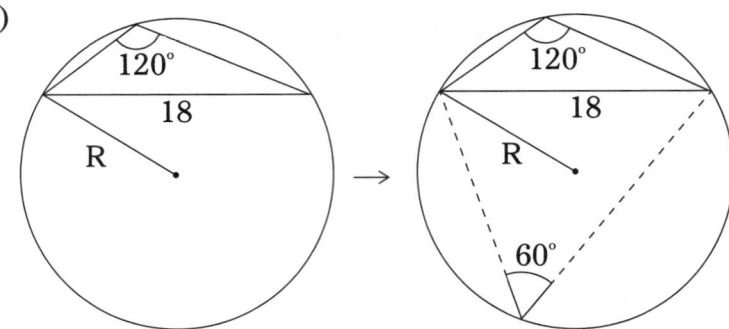

$$\frac{18}{\text{sen } 120°} = \frac{18}{\text{sen } 60°} = 2R \Rightarrow 2R = \frac{18}{\frac{\sqrt{3}}{2}} \Rightarrow$$

$$2R = \frac{36}{\sqrt{3}} \Rightarrow R = \frac{18}{\sqrt{3}} \Rightarrow R = \frac{18\sqrt{3}}{\sqrt{3} \cdot \sqrt{3}} \Rightarrow$$

$$\boxed{R = 6\sqrt{3}}$$

Obs: Podemos considerar que sen(180° − α) = senα

---

77 Dados $\cos \alpha$ determine **x** nos casos:

a) $\cos \alpha = \frac{7}{10}$

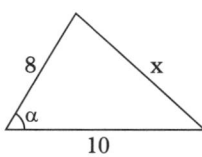

b) $\cos \alpha = \frac{4}{9}$

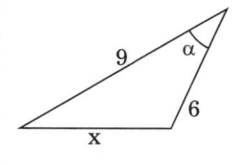

c) $\cos \alpha = -\frac{3}{7}$

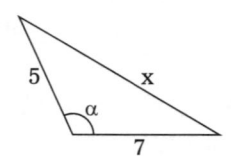

---

78 Determine $\cos \alpha$ nos casos:

a)

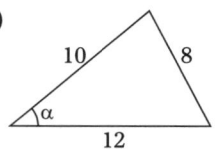

b)

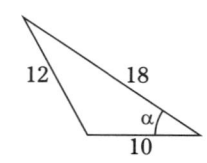

c)

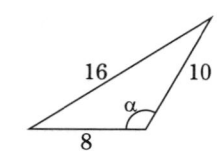

46

79 Determine α nos casos:

a) Triangle with sides 10, 14, 16 and angle α opposite to side 14.

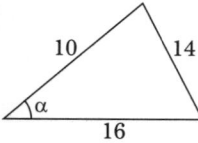

b) Triangle with sides 14, 10, 6 and angle α.

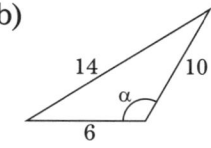

c) Triangle with sides $8\sqrt{2}$, 12, $4\sqrt{5}$ and angle α.

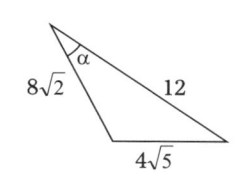

80 Determine **x** nos casos:

a) Triangle with sides 18, x, $8\sqrt{3}$ and angle 30°.

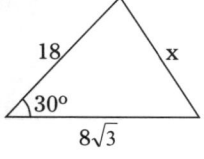

b) Triangle with sides 12, x, 16 and angle 60°.

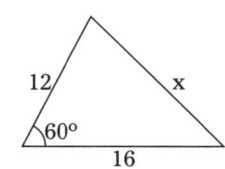

c) Triangle with sides x, 12, $4\sqrt{2}$ and angle 45°.

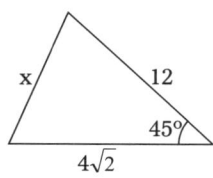

d) Triangle with sides 25, x, 15 and angle 120°.

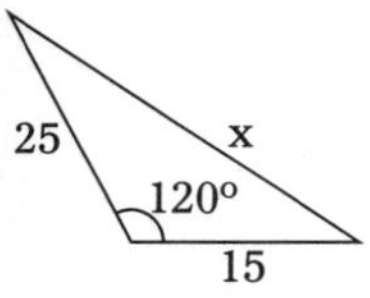

e) Triangle with sides $9\sqrt{10}$, 18, x and angle 135°.

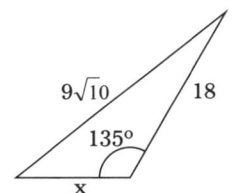

f) Triangle with sides x, $6\sqrt{13}$, $6\sqrt{3}$ and angle 150°.

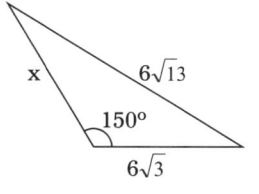

81 Determine **x** nos casos:

a) Triangle with sides x, 10, x+2 and angle 60°.

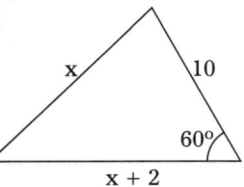

b) Triangle with sides x, $3\sqrt{61}$, x+3 and angle 120°.

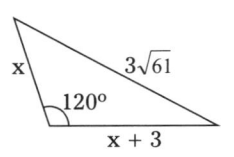

82 Dados sen α e sen β determine **x** nos casos:

a) $\operatorname{sen}\alpha = \dfrac{3}{4}$; $\operatorname{sen}\beta = \dfrac{5}{8}$

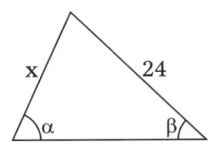

b) $\operatorname{sen}\alpha = \dfrac{6}{7}$; $\operatorname{sen}\beta = \dfrac{2}{3}$

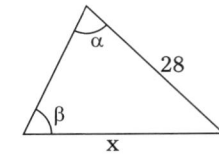

83 Determine sen α nos casos:

a) $\operatorname{sen}\beta = \dfrac{8}{9}$

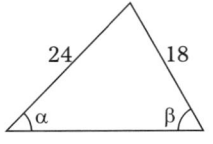

b) $\operatorname{sen}\beta = \dfrac{3}{5}$

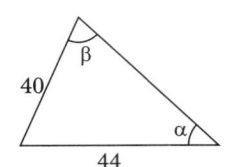

84 Determine **x** nos casos:

a) 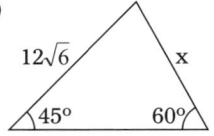
b) 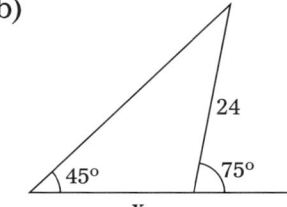
c)

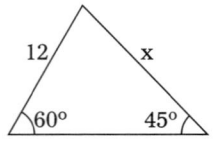

85 Determine a medida do ângulo agudo α, nos casos:

a) 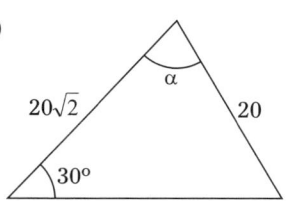
b)

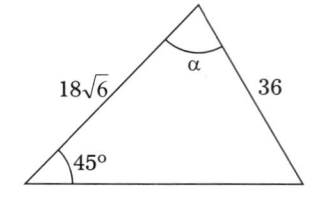

48

86 Determine o raio da circunferência circunscrita ao triângulo nos casos:

a) sen α = $\dfrac{6}{7}$

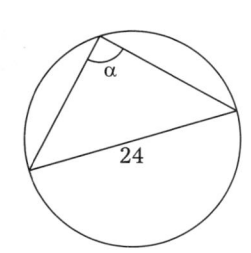

b) [30°, 12]

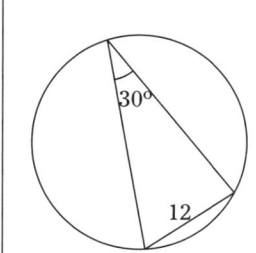

c) [45°, 18]

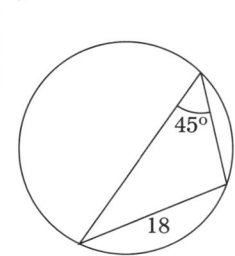

d) [60°, 12]

(a: circle with angle α and chord 24)

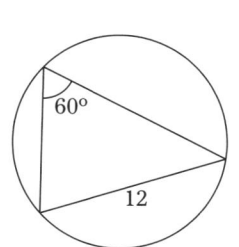

87 Aplicando a fórmula de Hierão, determine a área do triângulo nos casos:

a) lados 8, 12, 10

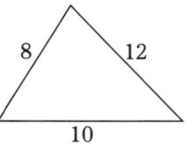

b) lados 9, 7, 8

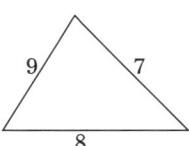

c) lados 15, 17, 16

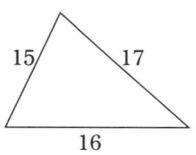

88 Determine o raio da circunferência inscrita no triângulo nos casos:

a) lados 14, 16, 18

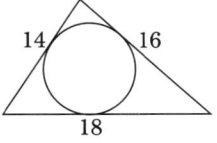

b) lados 16, 14, 20

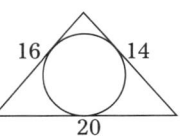

Resp: **77** a) $2\sqrt{13}$ b) $\sqrt{69}$ c) $2\sqrt{26}$ **78** a) $\dfrac{3}{4}$ b) $\dfrac{7}{9}$ c) $-\dfrac{23}{40}$ **79** a) 60° b) 120° c) 45°
80 a) $2\sqrt{21}$ b) $4\sqrt{13}$ c) $4\sqrt{5}$ d) 35 e) $9\sqrt{2}$ f) 12   **81** a) 14 b) 12

89 Determine o raio da circunferência circunscrita ao triângulo nos casos:

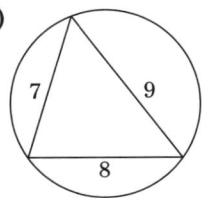

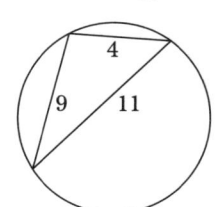

a) (triângulo com lados 7, 9, 8 inscrito em circunferência)

b) (triângulo com lados 4, 9, 11 inscrito em circunferência)

90 Resolver:

a) Dois lados de um triângulo, que medem 4 m e 6 m, formam um ângulo de 60°. Determine o outro lado.

b) Os lados de um triângulo medem 13 m, 15 m e 16 m. Determine o cosseno do ângulo oposto ao maior lado.

91 Resolver:

a) O lado oposto a um ângulo de 45° de um triângulo mede 20 m. Determine o raio da circunferência circunscrita ao triângulo.

b) Um triângulo com um ângulo de 150° está inscrito em um círculo cujo raio mede 12 m. Determine o maior lado desse triângulo.

92 Determine o raio da circunferência inscrita no triângulo dado os seus lados nos casos:

a) 8 m, 10 m, 14 m

92 b) 12 m, 12 m e 16 m   c) 14 m, 48 m, 50 m   d) 18 m, 18 m, 18 m

93 Determine o raio da circunferência circunscrita ao triângulo dados os seus lados nos casos:

a) 20 m, 22 m, 30 m

b) 20 m, 20 m, 10 m

c) 18 m, 24 m, 30 m

d) 12 m, 12 m, 12 m

94 Determine o valor de **x** nos casos:

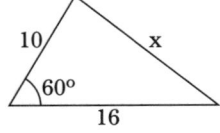

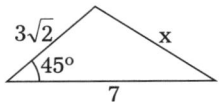

a) [triângulo com lados 10, 16, ângulo 60°, lado x]

b) [triângulo com lados $3\sqrt{2}$, 7, ângulo 45°, lado x]

Resp: **82** a) 20   b) 36   **83** a) $\frac{2}{3}$ b) $\frac{6}{11}$ **84** a) 24   b) $12\sqrt{2}$ c) $6\sqrt{6}$ **85** a) 15°   b) 75° ou 15°
86 a) 14   b) 12   c) $9\sqrt{2}$ d) $4\sqrt{3}$ **87** a) $15\sqrt{7}$ b) $12\sqrt{5}$ c) $24\sqrt{21}$ **88** a) $2\sqrt{5}$ b) $\frac{3\sqrt{55}}{5}$

94 Determine o valor de x nos casos:

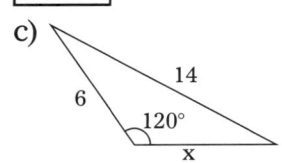

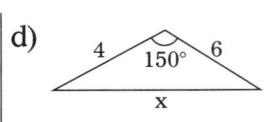

c) [triângulo com lados 6, 14, ângulo 120°, lado x]

d) [triângulo com lados 4, 6, ângulo 150°, base x]

95 Determine a medida x do ângulo nos casos:

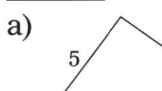

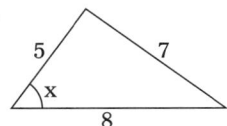

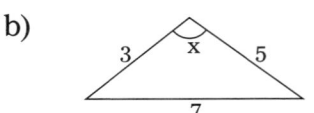

a) [triângulo com lados 5, 7, 8 e ângulo x]

b) [triângulo com lados 3, 5, 7 e ângulo x]

96 Determine o valor de x nos casos:

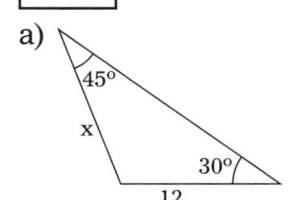

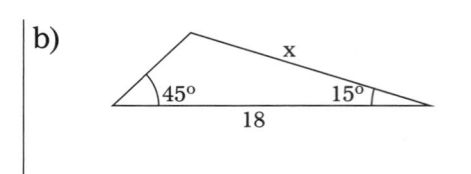

a) [triângulo com ângulos 45°, 30°, lado 12 e lado x]

b) [triângulo com ângulos 45°, 15°, lado 18 e lado x]

97 Determine o raio da circunferência circunscrita ao triângulo nos casos:

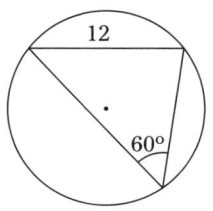

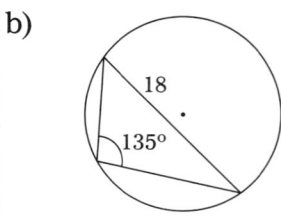

a) [triângulo inscrito com lado 12 e ângulo 60°]

b) [triângulo inscrito com lado 18 e ângulo 135°]

98 Obtenha o valor de x nos casos:

a) ABCD é paralelogramo

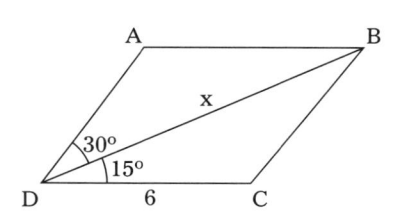

[paralelogramo ABCD com ângulos 30° e 15° em D, DC = 6, diagonal x]

b) ABCD é trapézio isósceles

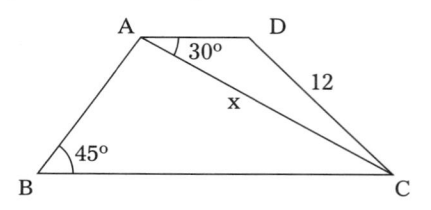

[trapézio ABCD com ângulo 30° em A, 45° em B, lado 12, diagonal x]

99 Determine o ângulo **x**, nos casos:

a) Triângulo com lados 12, $12\sqrt{2}$, ângulo de 45° e ângulo x.

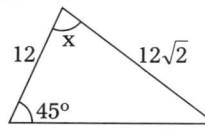

b) Círculo com cordas de medidas 6, $6\sqrt{2}$ e ângulo x.

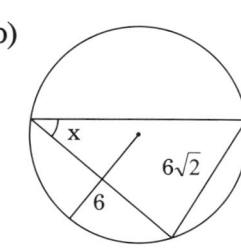

100 Resolver:

a) As medidas dos lados do quadrilátro ABCD são AB = BC = 10 m, CD = 16 m e AD = 6 m. Determine BD.

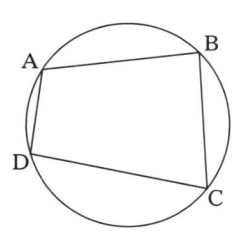

101 Mostre que se os lados de um triângulo medem 5 k, 7 k, e 8 k, então o ângulo oposto ao lado de 7 k é de 60°.

102 Mostre que se os lados de um triângulo medem 3 k, 5 k, 7 k, então o ângulo oposto ao lado de 7 k é de 120°.

103 Um triângulo tem 36 m de perímetro e as alturas são proporcionais a 3, 4 e 6. Determine os lados.

Resp: **89** a) $\frac{21\sqrt{5}}{10}$ b) $\frac{33\sqrt{2}}{8}$ **90** a) $2\sqrt{7}$ b) $\frac{23}{65}$ **91** a) $10\sqrt{2}$ b) 12 **92** a) $\sqrt{6}$ b) $\frac{8\sqrt{5}}{5}$ c) 6 d) $3\sqrt{3}$ **93** a) $\frac{275\sqrt{21}}{84}$ b) $\frac{8\sqrt{15}}{3}$ c) 15 d) $4\sqrt{3}$ **94** a) 14 b) 5

53

VI BASE MÉDIA E BARICENTRO

1 – Base média de triângulo

O segmento cujas extreminidades são os pontos médios de dois lados de um triângulo é chamado base média em relação ao outro lado e é paralelo e mede a metade deste.

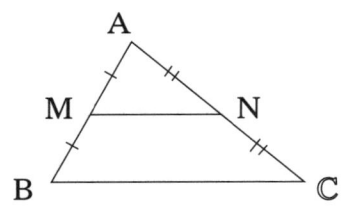

M e N são pontos médios de AB e BC $\Rightarrow$ MN é paralelo a BC
$$MN = \frac{BC}{2}$$

2 – Base média de trapézio

O segmento cujas extreminidades são os pontos médios de dois lados opostos não bases de um trapézio é chamado base média do trapézio é paralelo às base e mede a metade da soma delas.

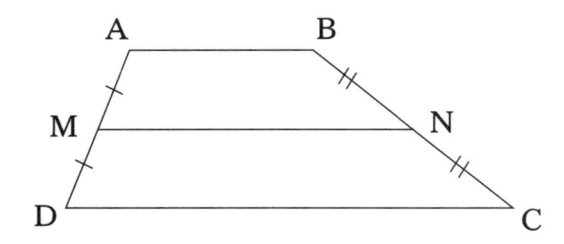

AB e CD são base
M e N pontos médios de AD e BC $\Rightarrow$ MN é paralelo a AB e CD e
$$MN = \frac{AB + AC}{2}$$

3 – Segmento da base média, entre as diagonais do trapézio

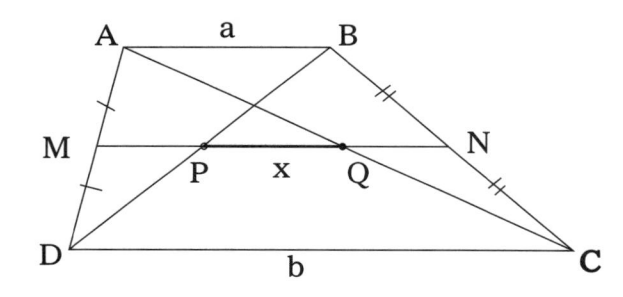

$$PQ = \frac{CD - AB}{2} \Rightarrow x = \frac{b - a}{2}$$

4 – Baricentro de um triângulo

O baricentro G de um triângulo é o ponto de interseção das medianas do triângulo. Ele divide cada mediana em duas partes onde uma é o dobro do outro, sendo que a que tem extremidade no vértice é a maior. Uma mede $\frac{2}{3}$ da mediana e a outra $\frac{1}{3}$ da mediana.

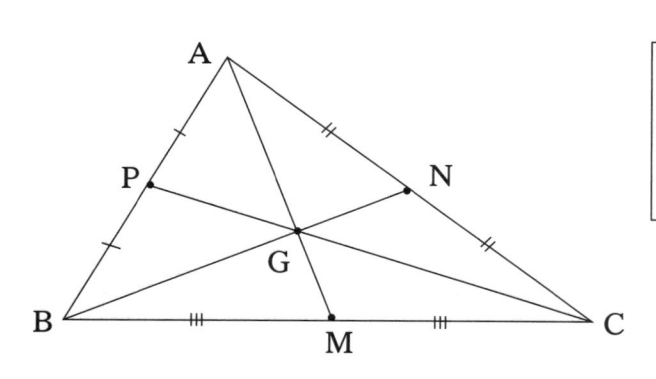

AG = 2 GM
BG = 2 GN
CG = 2 GP

$AG = \frac{2}{3} AM$ e $GM = \frac{1}{3} AM$

$BG = \frac{2}{3} BN$ e $GN = \frac{1}{3} BN$

$CG = \frac{2}{3} CP$ e $GP = \frac{1}{3} CP$

Exemplo: Determinar a incógnitas, nos casos:

a) $x = \dfrac{10}{2}$ ⇒ $\boxed{x = 5}$

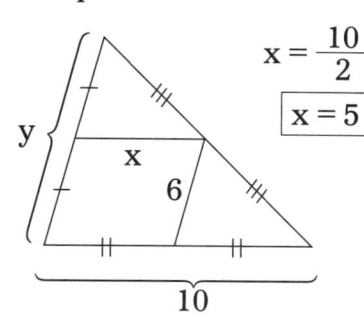

$6 = \dfrac{y}{2}$ ⇒ $\boxed{y = 12}$

b) $x = \dfrac{18 + 4}{2}$ ⇒ $\boxed{x = 11}$

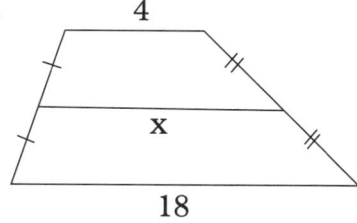

c) $x = \dfrac{20 - 8}{2}$ ⇒ $\boxed{x = 6}$

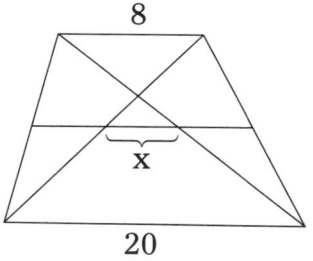

d) $2x - 4 = \dfrac{3x + 3}{2}$

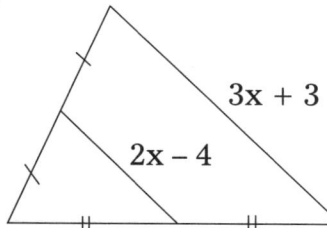

$4x - 8 = 3x + 3$

$\boxed{x = 11}$

e) $x + 1 = \dfrac{x - 3 + 2x - 1}{2}$

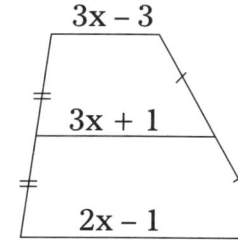

$2x + 2 = 3x - 4$

$\boxed{x = 6}$

f) $10 = 2x$ ⇒ $\boxed{x = 5}$

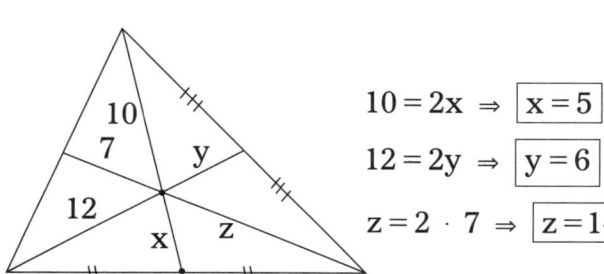

$12 = 2y$ ⇒ $\boxed{y = 6}$

$z = 2 \cdot 7$ ⇒ $\boxed{z = 14}$

g) $3x - 5 = 2x$

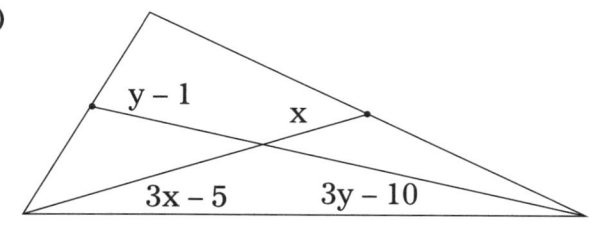

$\boxed{x = 5}$

$3y - 10 = 2(y - 1)$

$3y - 10 = 2y - 2$ ⇒ $\boxed{y = 8}$

104 Determinar as incógnitas, nos casos:

a), b), 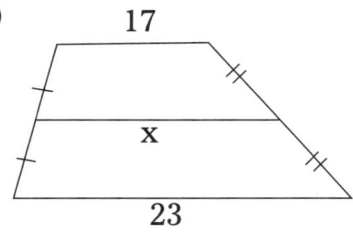 c), 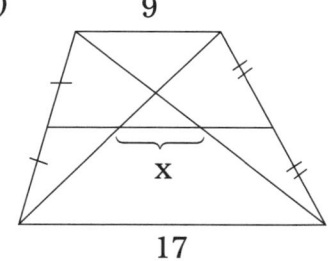 d), 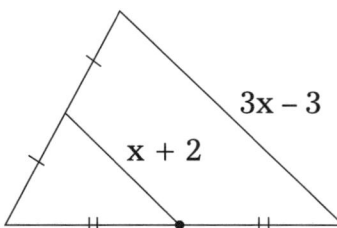 e)

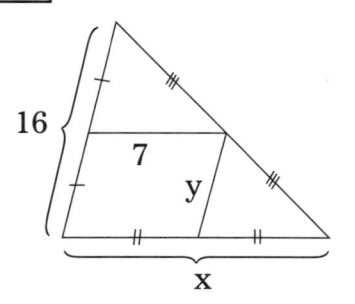

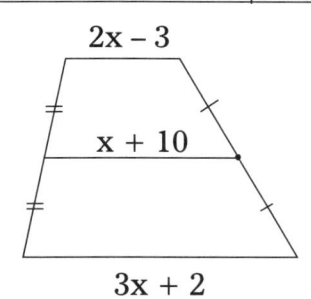

Resp: **94** c) 10 d) $2\sqrt{6}\sqrt{3} + 13$ **95** a) 60° b) 120° **96** a) $6\sqrt{2}$ b) $6\sqrt{6}$ **97** a) $4\sqrt{3}$ b) $9\sqrt{2}$
98 a) $6\sqrt{2}$ b) $12\sqrt{2}$ **99** a) 105° b) 45° **100** a) 14 b) $\sqrt{129}$ **103** 16, 12 e 8

55

105 Se **M** e **N** são pontos médios de lados do triângulo, determine x nos casos:

a) [triângulo com M, N pontos médios; lados x+5 e 3x+5]

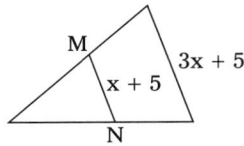

b) [triângulo com MN = x−6 e base x+1]

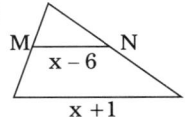

c) [triângulo com MN = x e base 4x−22]

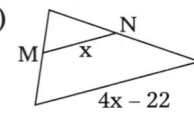

106 Os pontos sobre os lados do triângulo são pontos médios dos lados, determine as incógnitas.

a) [triângulo com 3x−y, 3x−1, 3y−2, 3x+3y]

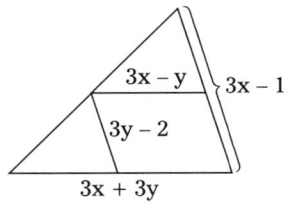

b) [triângulo com 5x−8, 3y, 2y, 3x+2y]

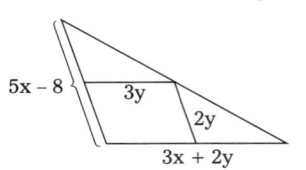

107 Se **M** e **N** são os pontos médios dos lados oblíquos às bases do trapézio, determine as incógnitas nos casos:

a) [trapézio: base superior x−2, MN = x+2, base inferior 20]

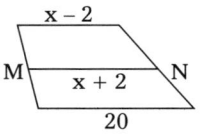

b) [trapézio: base superior x, MN com x e y, base inferior 3y+4]

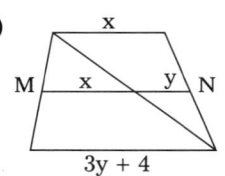

c) [trapézio: base superior x−y, MN = x−1 com y, base inferior 2x+y]

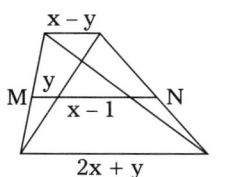

d) [trapézio: base superior x+y, MN = 2x+4 com y, base inferior 9y−4]

56

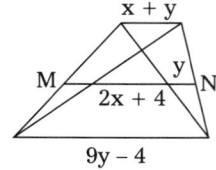

108 Se os pontos sobre os lados oblíquos às bases, dos trapézios, dividem-nos em partes iguais, determine as incógnitas nos casos:

a) (4, x, y, z, 16)

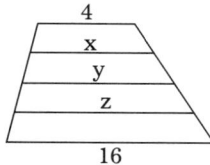

b) (x, 10, 14, z, y)

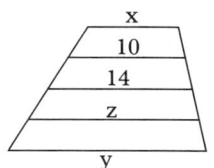

c) (x, y−9, 18, z+6, y)

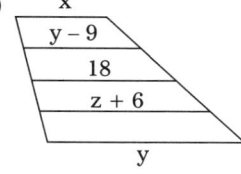

109 Se $\overline{AM}$ e $\overline{BN}$ são medianas do triângulo, determine x nos casos:

a) 10, y, 6, x, B, M

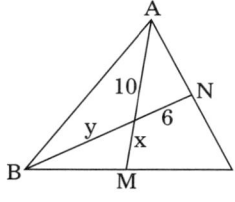

b) N, x, y, 20, 9, M, B

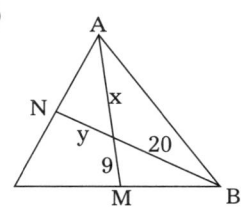

c) N, 7, x, M, 26, y, A, B

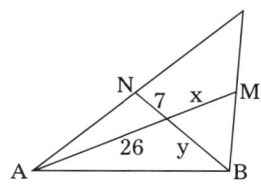

d) 2x, 2x+4, 2y, y+4, B, M, N

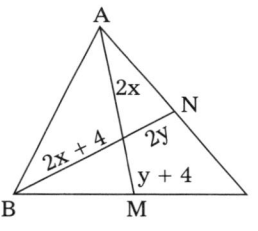

e) N, 2y+4, x, 2x−10, 3y, C, M, B

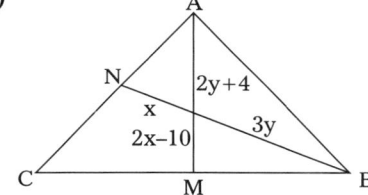

110 Se $\overline{AM}$, $\overline{BN}$ e $\overline{CP}$ são medianas do triângulo ABC, determine as incógnitas.

(z+2, 3y−1, x+y, 3x+2, z+6, z−x)

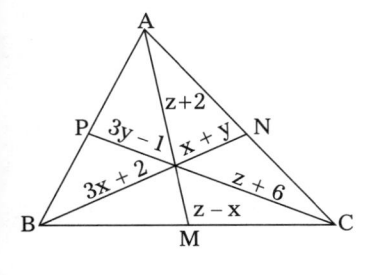

Resp: **104** a) 14 b) 20 c) 4 d) 7 e) 7

111 Considerando que os segmentos com "marcas iguais" são congruentes, determine o valor da incógnita nos casos:

a) Trapézio

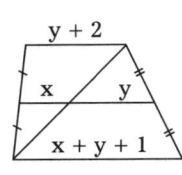

b) Trapézio (MN = x − 2y + 5)

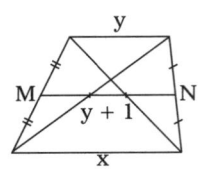

112 Em cada caso os pontos sobre os lados do triângulo são pontos médios dos lados. Determine as incógnitas.

a)

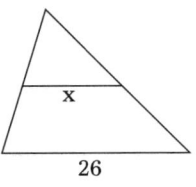

b)

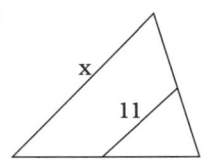

c)

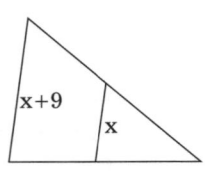

d)

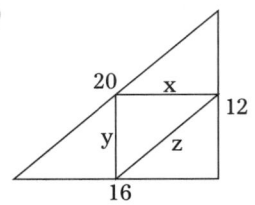

e)

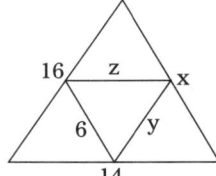

f)

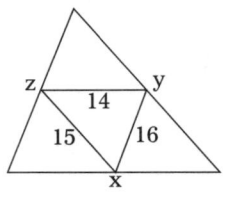

113 Determine o lado BC do triângulo ABC sendo **M** e **N** pontos médios dos lados AC e AB.

a)

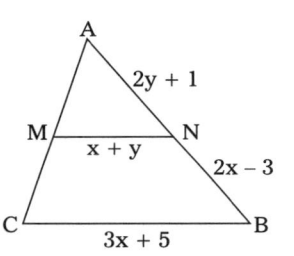

b)

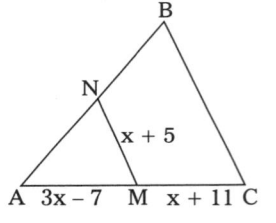

114 Se os pontos sobre os lados do trapézio são pontos médios, determine as incógnitas nos casos:

a)

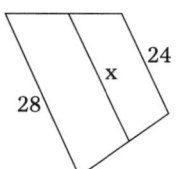

b)

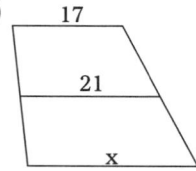

c)

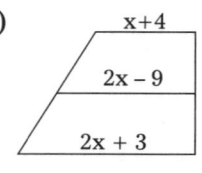

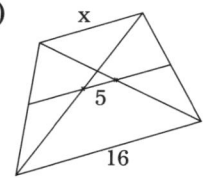

114 d) [figura com x, y, z, 12, 18] e) [figura com x, 5, 16] f) [figura com 11, 3, x]

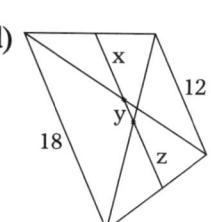

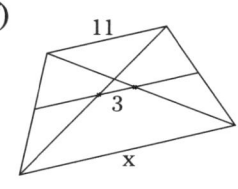

115 Se os segmentos internos ao triângulos ABC são medianas, determine as incógnitas:

a) [triângulo ABC com 8, y, 12, x]

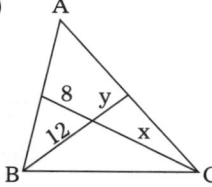

b) [triângulo ABC com $2y+6$, $x+8$, y, $x+3$]

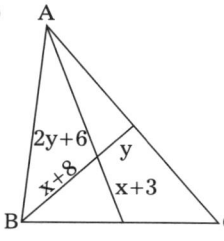

c) [triângulo ABC com $2z$, $2y$, x, $2z+2$, $2y+4$, $x+4$]

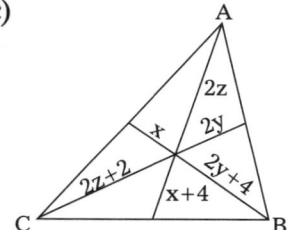

116 Considerando congruentes os segmentos com "marcas iguais", determine o valor da incógnita nos casos:

a) [triângulo com y, $y+2$, x, $7-x$]

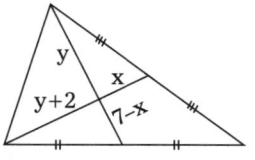

b) Paralelogramo [com 8, x]

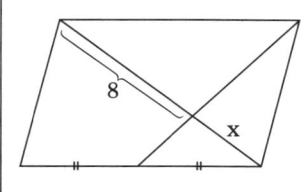

Resp: **105** a) 5 b) 13 c) 11 **106** a) 5, 3 b) 4, 3 **107** a) 14 b) 8, 4 c) 6, 2 d) 4, 4 **108** a) 7, 10, 13 b) 6, 22, 18 c) 12, 24, 15 **109** a) 5, 12 b) 18, 10 c) 13, 14 d) 10, 6 e) 9, 6 **110** 4, 3, 10

VII CUBO E PARALELEPÍPEDO

1 – Introdução à geometria espacial

Uma pequena introdução com alguns postulados, posições relativas, definições e teoremas que ajudam analisar os sólidos geométricos.

1) Postulados

1 Existe ponto, existe reta e existe plano.

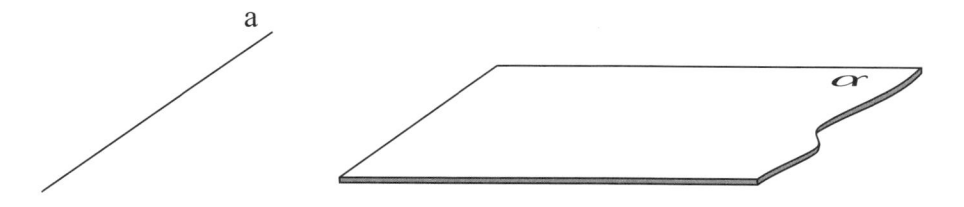

Em uma reta, bem como fora dela, e num plano, bem como fora dele, há infinitos pontos.

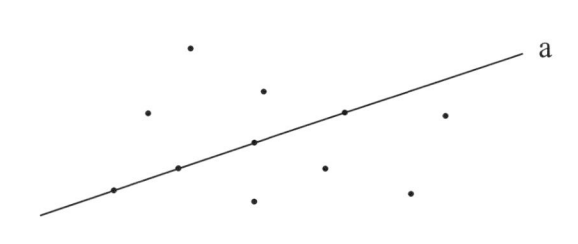

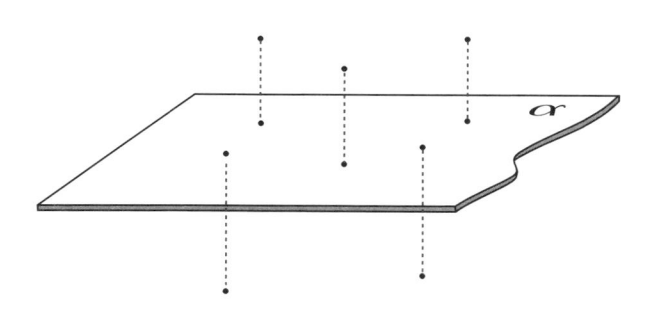

O **espaço** é o conjunto de todos os pontos.

2 **Determinação da reta**

Dois pontos distintos determinam uma reta.
(Se dois pontos são distintos, então existe uma única reta à qual eles pertencem).

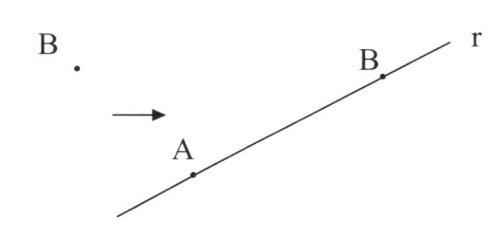

3 Se dois pontos distintos de uma reta estão em um plano, então esta reta está contida neste plano.

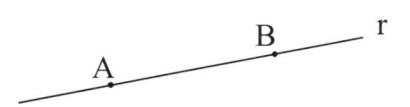

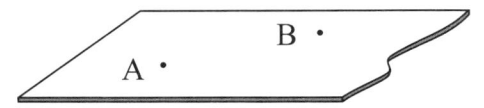

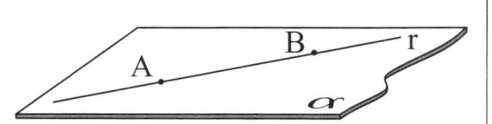

4 **Determinação do plano**

Três pontos não colineares (não alinhados ou não de uma mesma reta) determinam um plano.
(Se três pontos não são colineares, então existe um único plano ao qual eles pertencem).

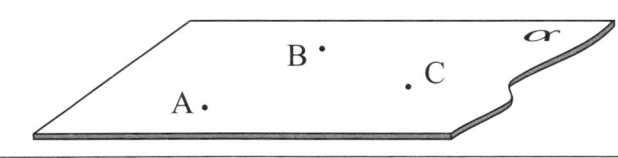

Resp: **111** a) 3, 4 b) 20, 6 **112** a) 13 b) 22 c) 9 d) 8, 6,10 e) 12, 8, 7 f) 28, 30, 32 **113** a) 32 b) 28
114 a) 26 b) 25 c) 25 d) 6, 3, 6 e) 6 f) 17 **115** a) 16, 6 b) 8, 8 c) 9, 7, 13
116 a) 4, 6 b) 4

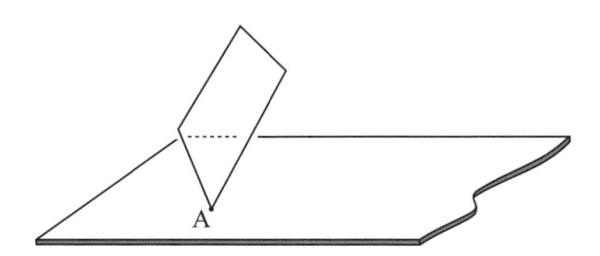

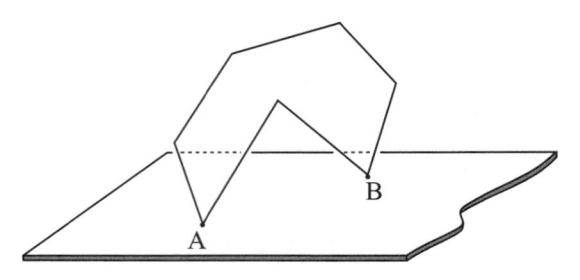

5 Se dois planos distintos têm um ponto em comum, então eles têm um outro ponto, distinto daquele, também em comum.

2) Posições relativas

1 **Ponto e ponto (A, B)**

a) Coincidentes.

$\quad$ B
A $\quad$ (A = B)

b) Distintos.

$\quad$ B·
A· $\quad$ (A ≠ B)

2 **Ponto e reta (P, r)**

a) O ponto pertence à reta (A reta passa pelo ponto).

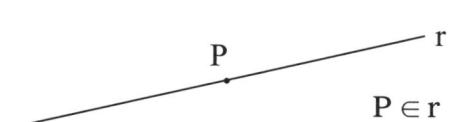

$P \in r$

b) O ponto não pertence à reta.

$P \notin r$

3 **Ponto e plano (P, α)**

a) O ponto pertence ao plano (O plano passa pelo ponto).

$P \in \alpha$

b) O ponto não pertence ao plano.

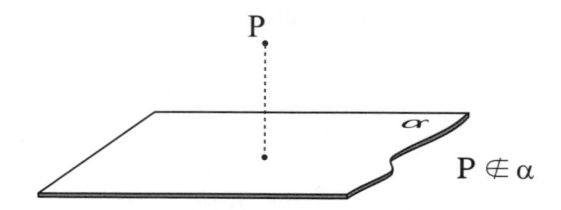

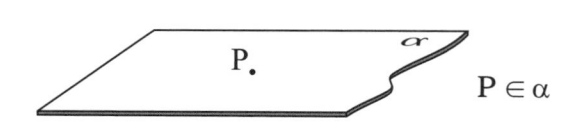

$P \notin \alpha$

4 **Reta e reta (a, b)**

a) Coincidentes

$a = b$

b) Concorrentes.

c) Paralelas distintas.

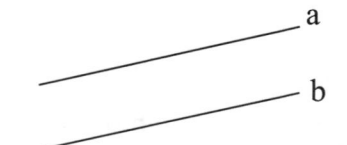

d) Reversas (quando não existe um plano que as contém).

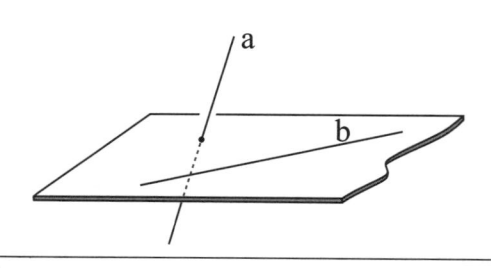

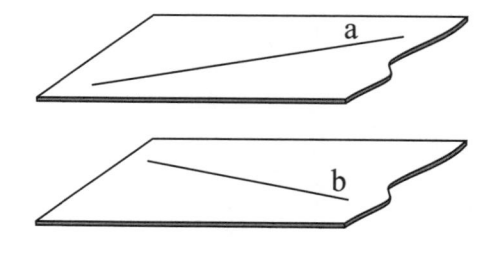

5 Reta e plano (r, α)

a) A reta está contida no plano (O plano passa pela reta).

b) Concorrentes ou secantes.

c) A reta é paralela ao plano.

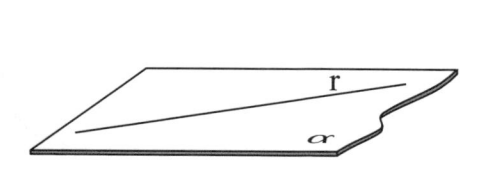

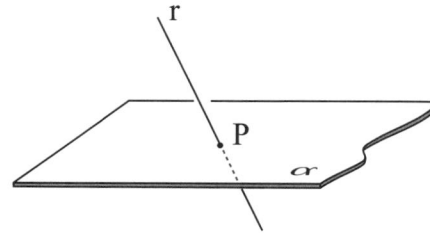

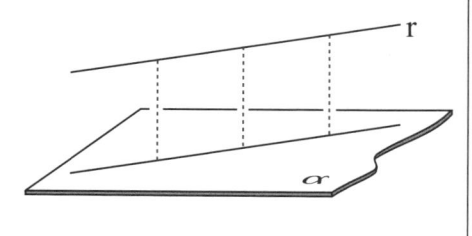

6 Plano e plano (α, β)

a) Coincidentes.

b) Secantes.

c) Paralelos distintos.

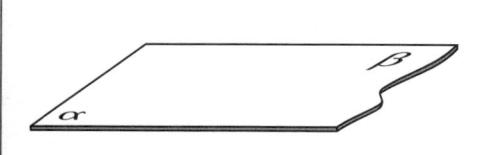

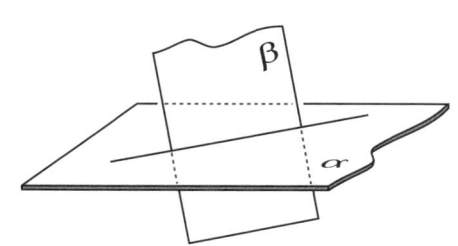

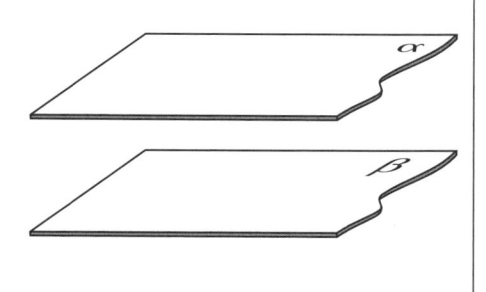

7 Três planos distintos

a) Paralelo entre si.

b) Dois paralelos e um secante com ambos (as intersecções são retas paralelas).

c) Secantes dois a dois em uma mesma reta.

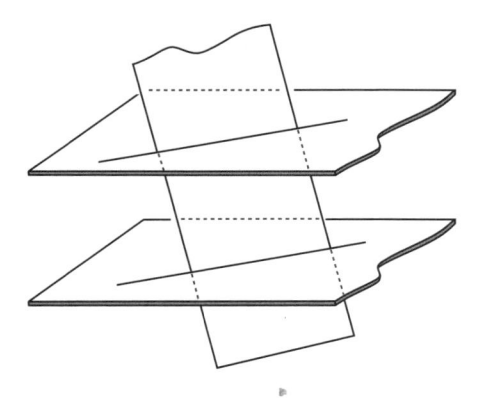

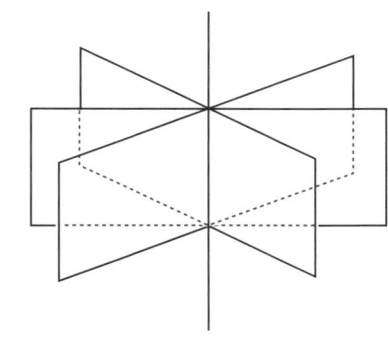

d) Secantes dois a dois segundo três retas distintas que são paralelas entre si.

e) Secantes dois a dois segundo três retas distintas que são concorrentes em um mesmo ponto.

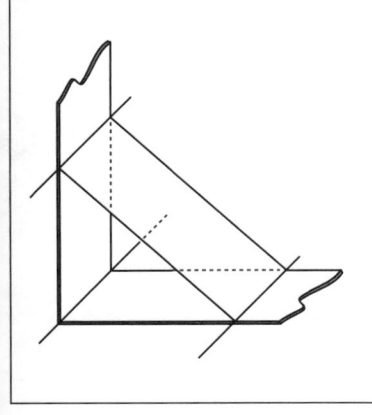

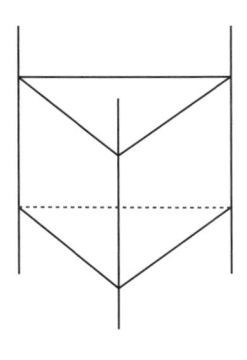

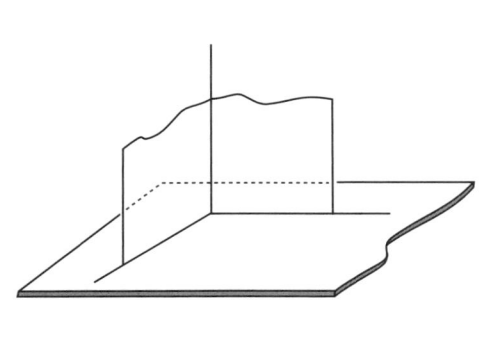

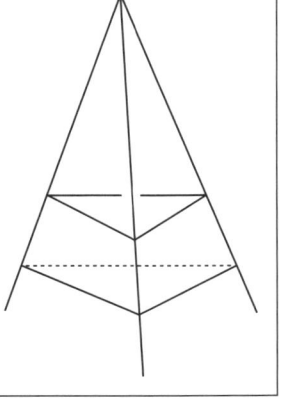

8. Três retas distintas

1º) As três retas são coplanares. (Estão em um mesmo plano)

a) Paralelas entre si.

b) Duas paralelas e uma concorrente com ambas.

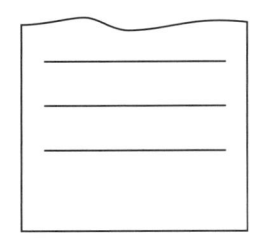

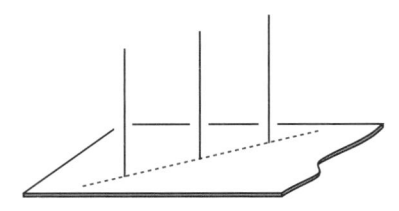

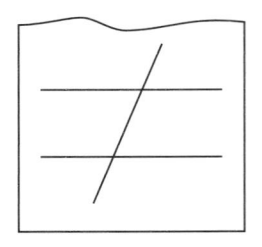

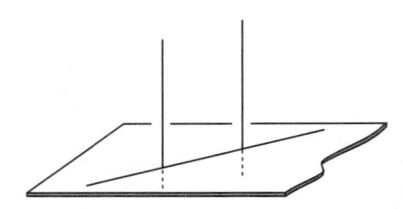

c) Concorrentes num mesmo ponto.

d) Duas a duas concorrentes em pontos distintos.

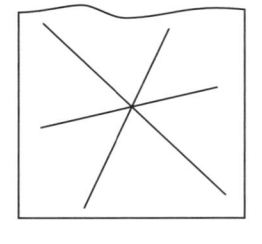

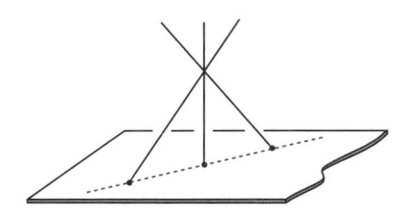

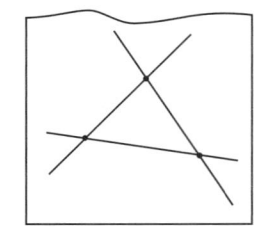

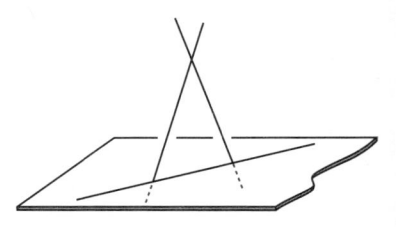

2º) As três retas não são, simultaneamente, coplanares:

e) Paralelas entre si.

f) Concorrentes num mesmo ponto.

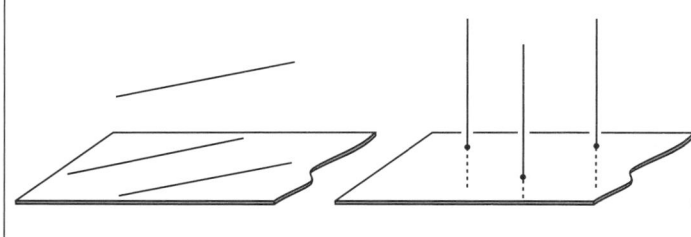

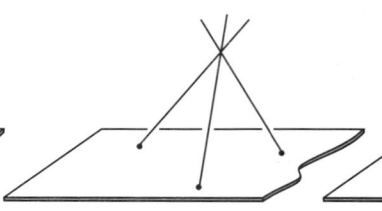

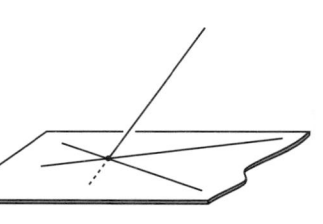

g) Duas paralelas, duas concorrentes e duas reversas.

h) Duas paralelas e dois pares de reversas.

i) Duas reversas e dois pares de concorrentes.

j) Duas concorrentes e dois pares de reversas.

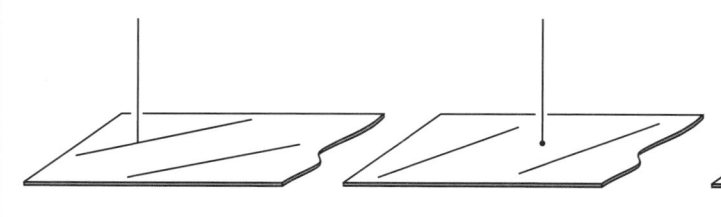

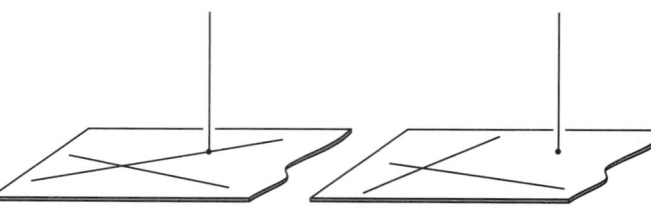

k) Duas a duas reversas, não contidas em planos paralelos.

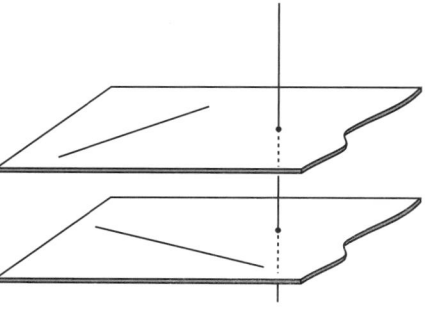

l) Duas a duas reversas, contidas em planos paralelos.

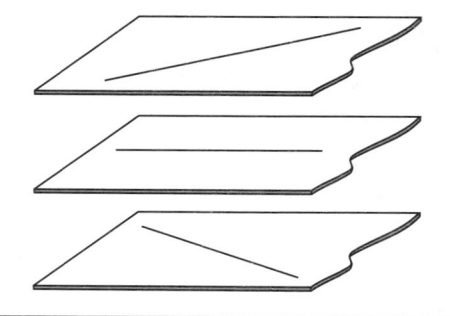

3) Determinação de Planos

Há quatro modos para se determinar um plano:

1ª) **Postulado:** Três pontos não colineares   2ª) **Teorema:** Uma reta e um ponto fora dela.

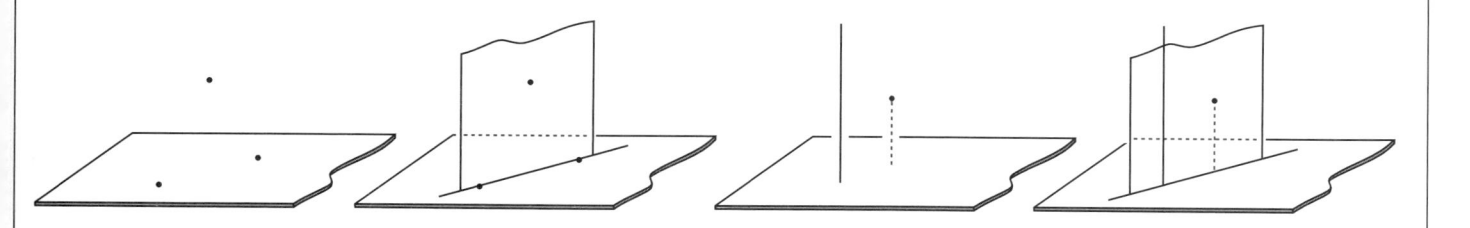

3ª) **Teorema:** Duas retas concorrentes   4ª) **Teorema:** Duas retas paralelas distintas.

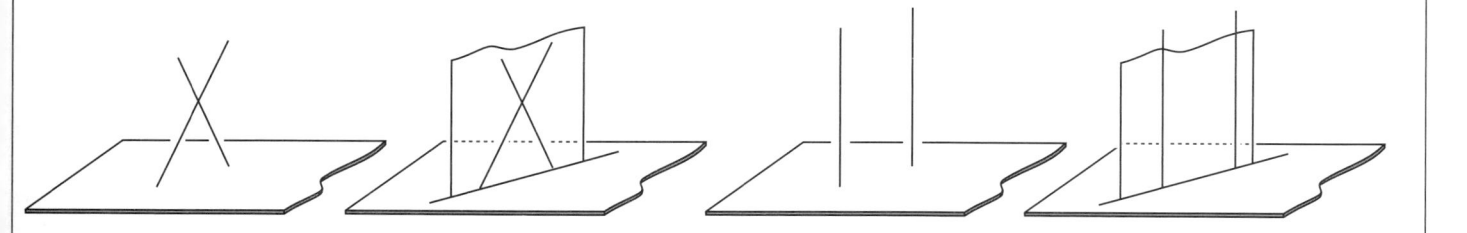

4) Intersecção de Planos

I) Teorema da intersecção de dois planos

Se dois planos distintos têm um ponto em comum, então a intersecção deles é uma reta.
É evidente que a reta intersecção passa pelo ponto que eles têm em comum.
Esses planos são chamados **secantes**.

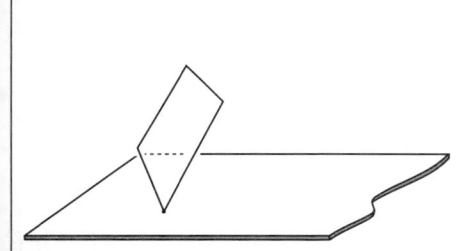

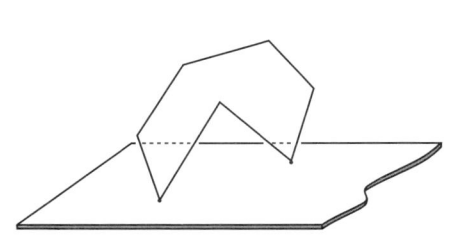

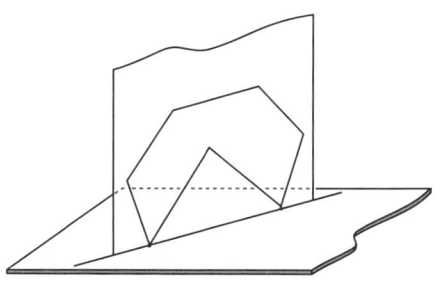

II) Teorema das intersecções de três planos

Se três planos são secantes dois a dois segundo três retas distintas, então essas retas são concorrentes num mesmo ponto ou são paralelas duas a duas (paralelas entre si).

$\alpha \cap \beta = a$
$\alpha \cap \gamma = b \Rightarrow (\exists P | a \cap b \cap c = \{P\}$ ou $a \mathbin{/\mkern-5mu/} b, a \mathbin{/\mkern-5mu/} c, b \mathbin{/\mkern-5mu/} c)$
$\beta \cap \gamma = c$

$a \cap b \cap c = \{P\}$

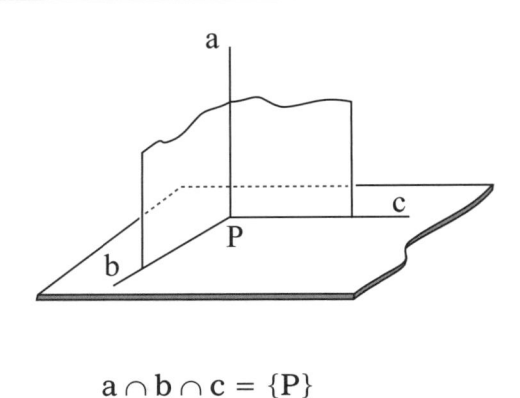

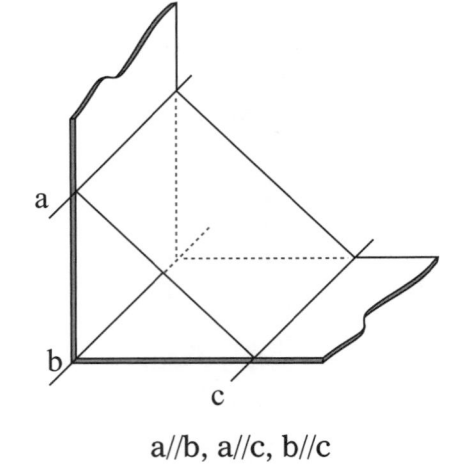

$a//b, a//c, b//c$

III) Teorema: Transitividade do paralelismo entre retas.
Se duas retas são paralelas a uma terceira, então elas são paralelas entre si.
$(a//r, b//r) => a//b$

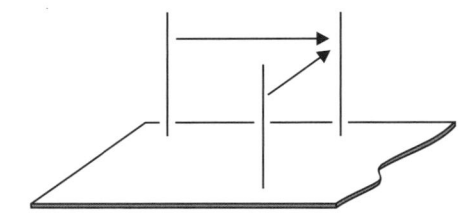

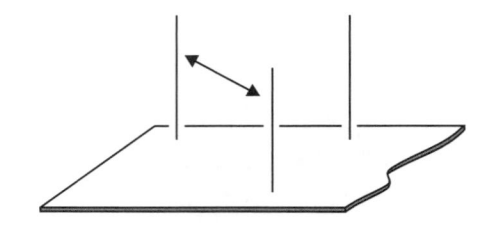

5) Paralelismo entre reta e plano

I) Definição: Uma reta é paralela a um plano (dizemos também que o plano é paralelo à reta) se, e somente se, ela e o plano não têm ponto em comum. Alguns autores consideram que a reta que está contida no plano também é paralela ao plano.

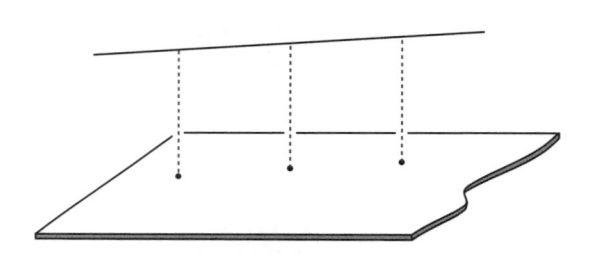

II) Teorema: Se uma reta é paralela a um plano, então todo plano que a contém e for secante com este o interceptará segundo uma reta paralela a ela.

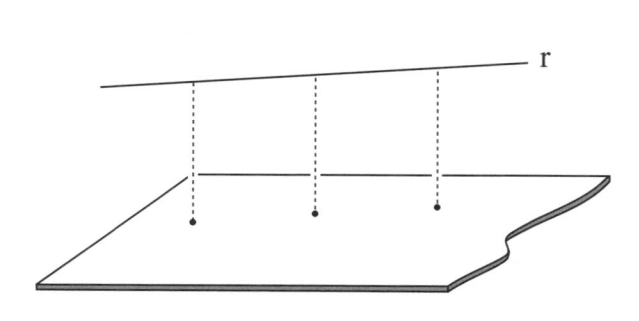

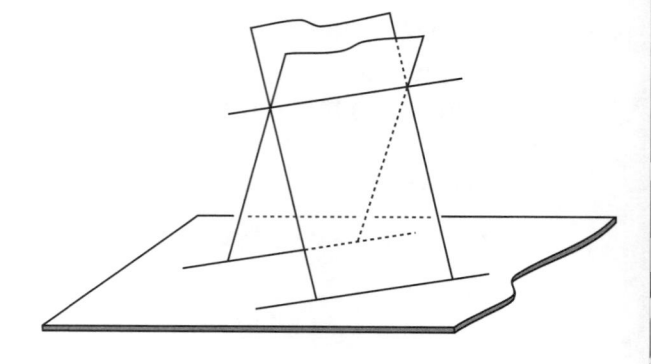

6) Paralelismo entre planos

I) Definição: Dois planos são paralelos se, e somente se, são coincidentes ou não têm ponto em comum.

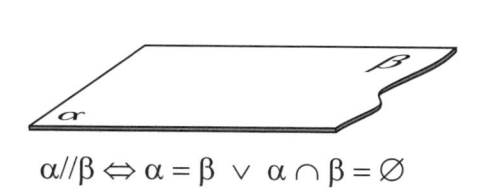

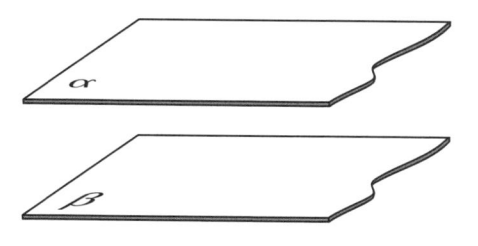

$\alpha // \beta \Leftrightarrow \alpha = \beta \lor \alpha \cap \beta = \emptyset$

II) Teorema: Se dois planos são paralelos e um plano é secante com os dois, então as intersecções são retas paralelas.

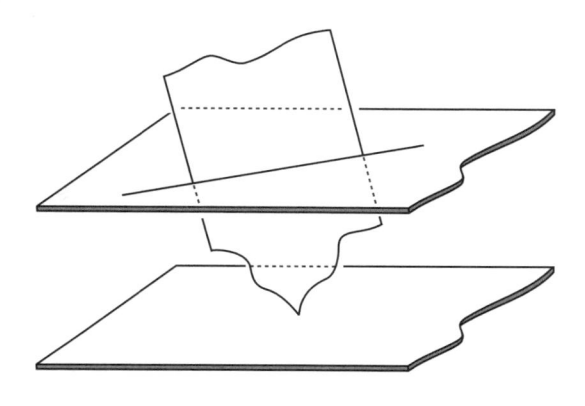

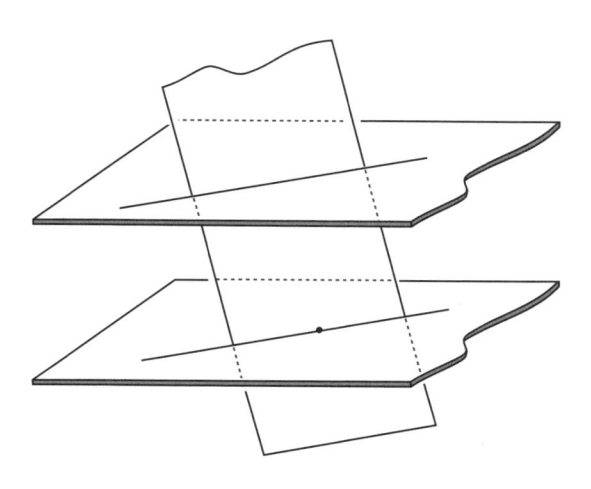

7) Reta perpendicular a plano

I) Definição: Uma reta é perpendicular a um plano se, e somente se, ela é concorrente com o plano e é perpendicular a todas as retas do plano que passam pelo ponto de intersecção.

Dizemos também que o plano é perpendicular à reta. O ponto de intersecção é chamado pé da perpendicular.

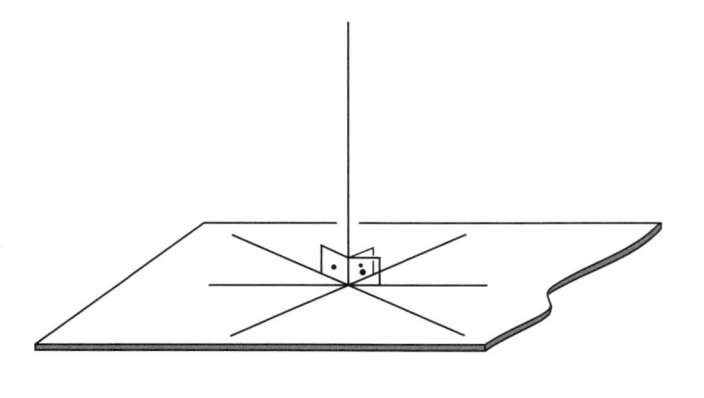

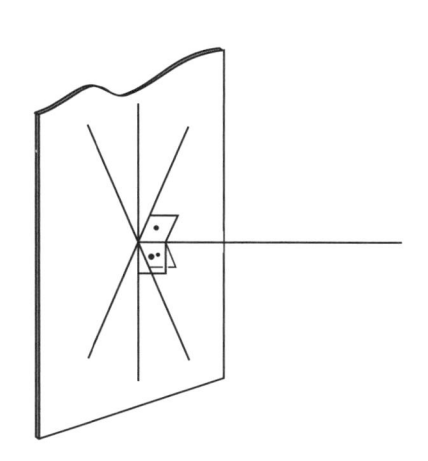

8) Projeção Ortogonal e Distâncias

I) Definição:
A projeção ortogonal de um ponto sobre um plano é o pé da reta perpendicular ao plano conduzida pelo ponto (o plano é chamado plano de projeção).

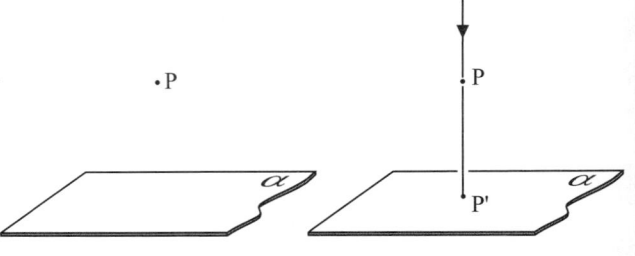

P' é a projeção ortogonal de **P** sobre α

II) Definição:
A projeção ortogonal de uma figura (conjunto de pontos) sobre um plano é o conjunto das projeções dos pontos da figura sobre o plano.

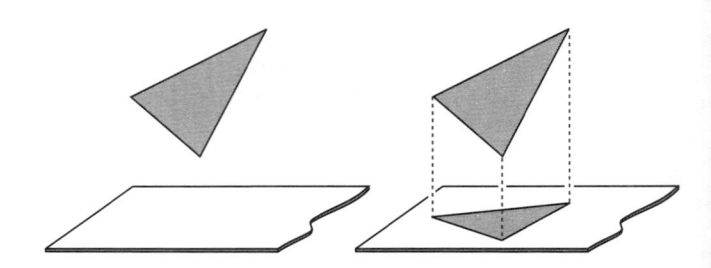

III) Teorema: A projeção ortogonal de uma
reta não perpendicular a um plano, sobre esse plano, é uma reta.

obs: A projeção ortogonal de uma reta perpendicular a um plano, sobre esse plano, é o seu pé.

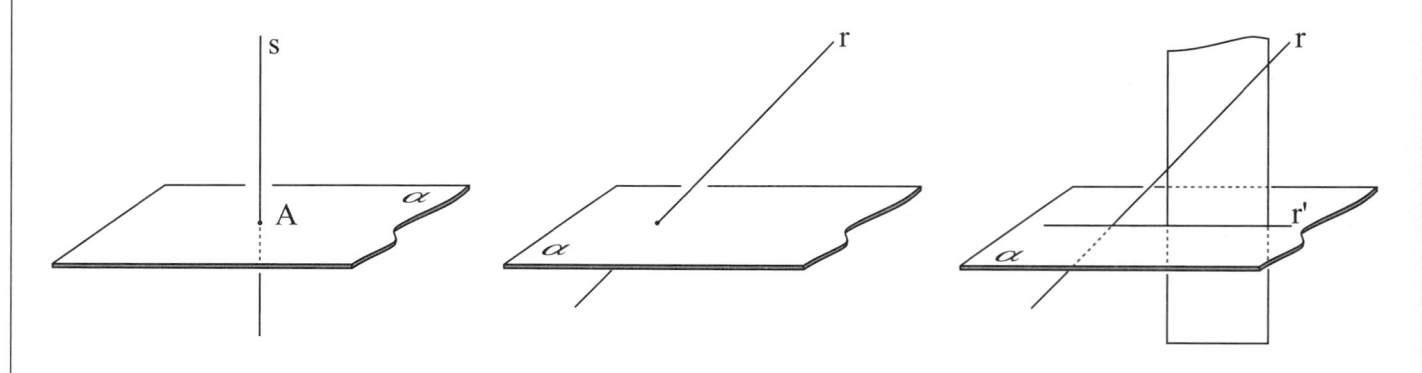

A = proj. de s sobre α   r' é a proj. de r sobre α

IV) Teorema: A projeção de um segmento não perpendicular a um plano, sobre esse plano, é o segmento cujas extremidades são as projeções das extremidades desse segmento sobre o plano.

Obs: Quando falarmos apenas **projeção**, estamos querendo dizer **projeção ortogonal**.

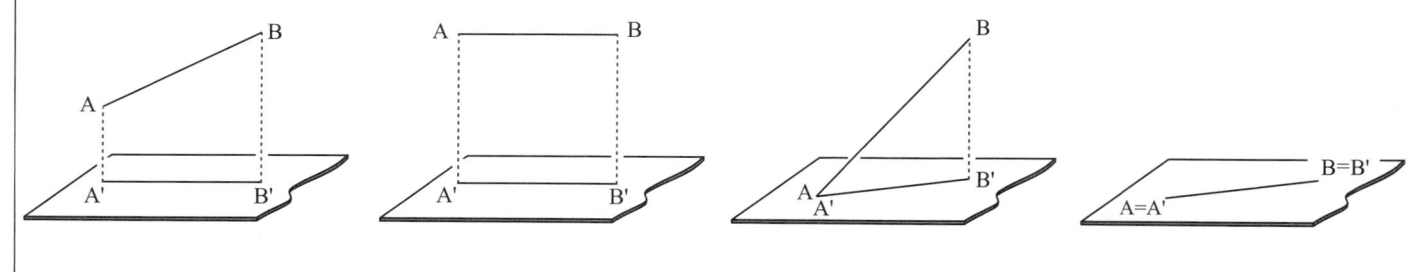

$\overline{A'B'}$ = proj. de $\overline{AB}$ sobre α

2 – Paralelepípedo

Definição: O prisma cuja base é um paralelogramo é chamado paralelepípedo.

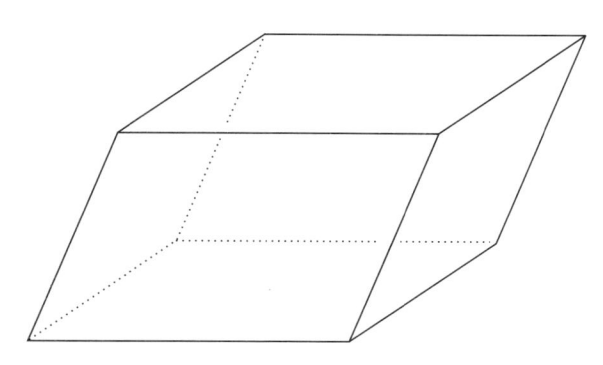

As faces laterais de qualquer prisma são paralelogramos. Se as bases também forem paralelogramos, então todas as faces desse prisma serão paralelogramos. Portanto: Todas as faces de um paralelepípedo são paralelogramos.

- **Faces opostas:** Duas faces, de um paralelepípedo, que não têm ponto em comum, são chamadas faces opostas.
- **Vértices opostos:** Se dois vértices de um paralelepípedo não estão em uma mesma face, eles são chamados vértices opostos
- **Faces adjacentes:** São faces que têm uma aresta em comum.
- **Arestas opostas:** Dois lados de faces adjacentes, opostos a aresta comum são chamados arestas opostas do paralelepípedo.
- **Diagonais:** O segmento cujas extremidades são vértices opostos do paralelepípedo é chamado diagonal do paralelepípedo.
- **Secção diagonal:** O quadrilátero determinado por duas arestas opostas do paralelepípedo é chamado secção diagonal do paralelepípedo.

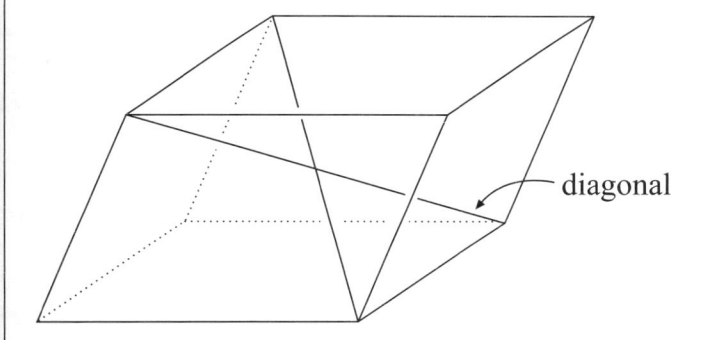

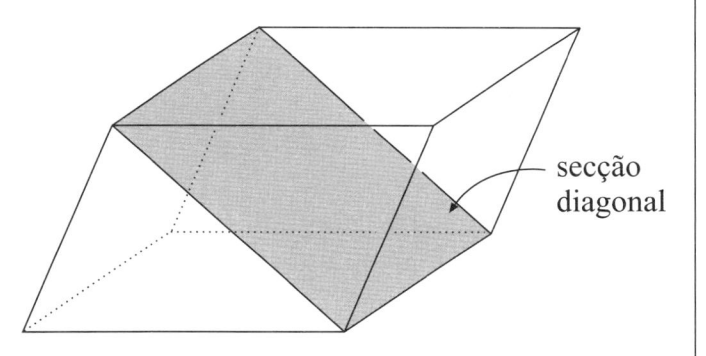

Da transitividade do paralelismo entre retas e do teorema da condição suficiente do paralelismo entre planos decorre que:

1) Arestas opostas de um paralelepípedo são paralelas e congruentes.
2) Qualquer secção diagonal de um paralelepípedo é um paralelogramo.
3) Faces opostas de um paralelepípedo são congruentes e paralelas (estão em planos paralelos).

Faces opostas.

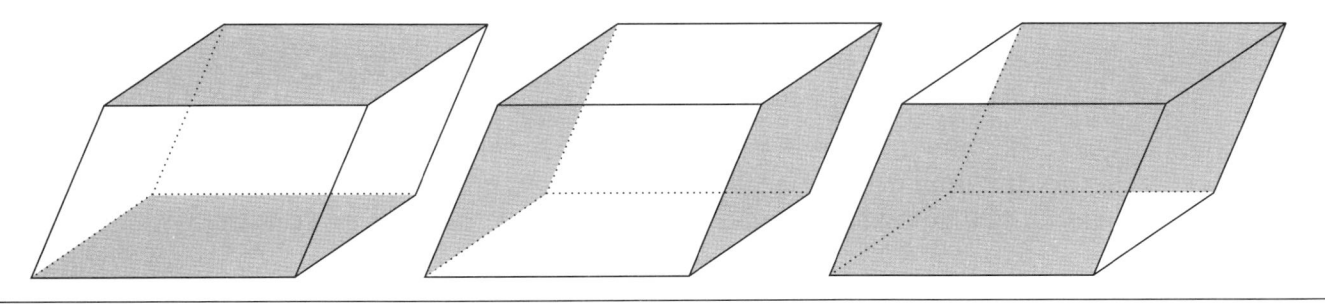

Arestas congruentes.

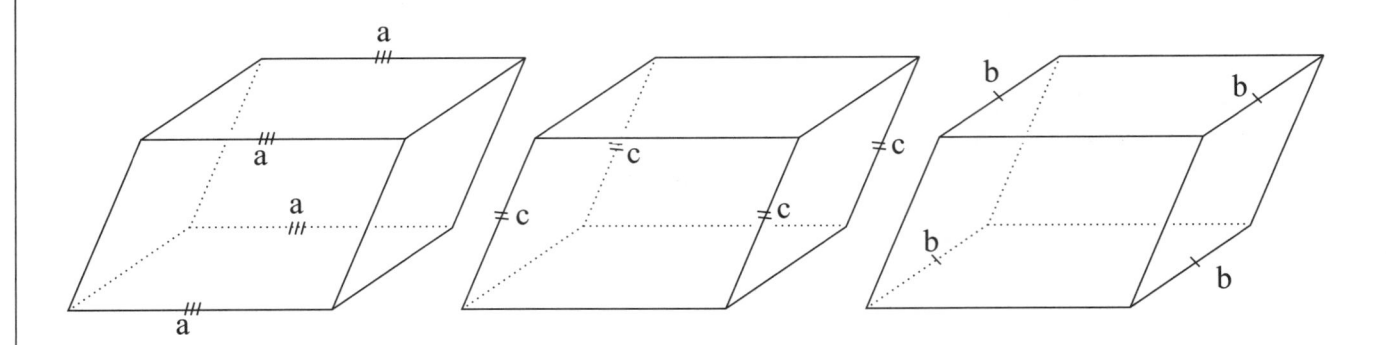

Algumas secções diagonais.

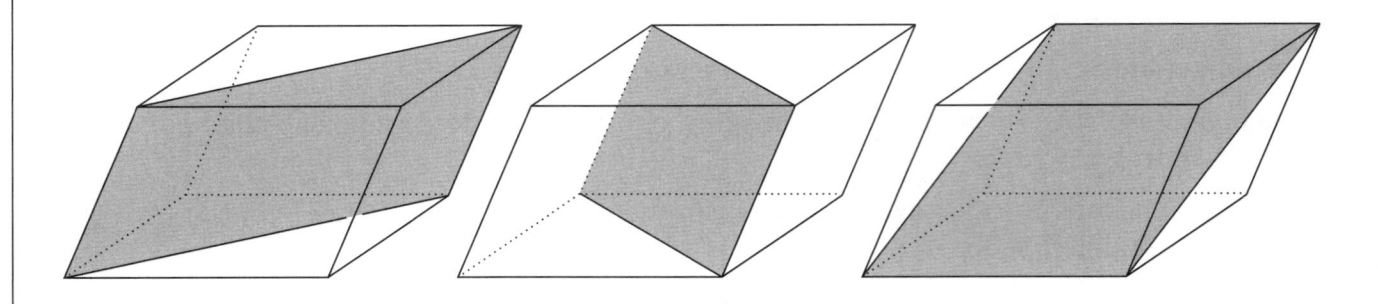

Obs: 1) Como faces opostos de um paralelepípedo são paralelogramos com lados correspondentes paralelos, quaisquer faces opostas podem ser consideradas como bases. Como há três pares de faces opostas, há três pares de bases. E como a distância entre os planos das bases é altura do prisma, o paralelepípedo tem três alturas.

Teorema: As quatro diagonais de um paralelepípedo são concorrentes em um mesmo ponto que é o ponto médio de cada uma delas.

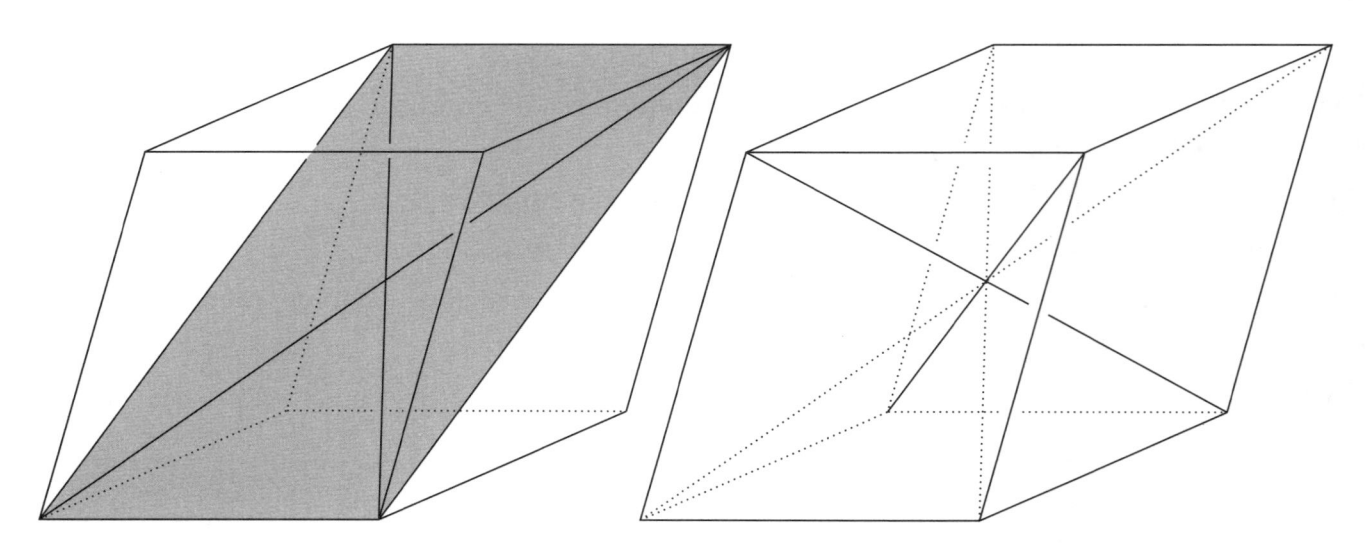

Note que cada secção diagonal de um paralelepípedo, que é um paralelogramo, contém duas diagonais do paralelepípedo, que como são diagonais de um paralelogramo se cortam, evidentemente, ao meio.

3 – Paralelepípedo reto

Definição: É o prisma reto cuja base é um paralelogramo.

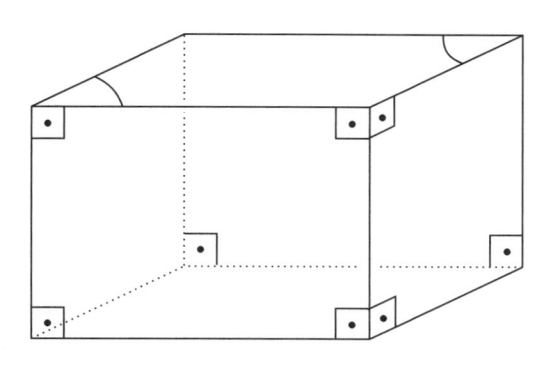

As bases são paralelogramos e as faces laterais são retângulos, sendo que faces laterais opostas são retângulos congruentes:

Note que há 2 secções diagonais dele que são retângulos. Como retângulo tem diagonais congruentes, o paralelepípedo retângulo tem dois pares de diagonais congruentes.

Note ainda que 4 arestas dele tem a mesma medida que uma das alturas (o paralelepípedo tem 3 alturas).

4 – Paralelepípedo retângulo

Definição: O paralelepípedo reto cuja base é um retângulo é chamado paralelepípedo reto retângulo ou simplesmente **paralelepípedo retângulo** ou ainda **ortoedro**.

Obs: Podemos definir este sólido da seguinte maneira: Paralelepípedo retângulo é o prisma reto cuja base é um retângulo.

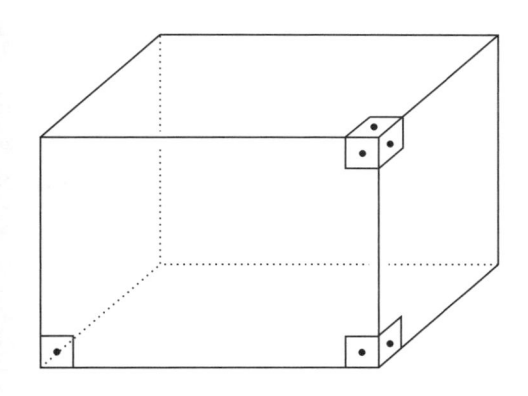

As 6 faces são retângulos, sendo que faces opostas são retângulos congruentes.

As 4 diagonais são congruente entre si.

As 6 secções diagonais são retângulos.

Note que cada 4 arestas têm a mesma medida que uma altura relativa a uma base.

É importante ressaltar que tanto no paralelepípedo reto quanto no retângulo, como são paralelepípedos, as 4 diagonais são concorrentes num mesmo ponto que é o ponto médio de cada uma delas.

5 – Romboedro

Definição: Romboedro é o paralelepípedo cujas arestas são congruentes entre si. (As 12 arestas têm a mesma medida)

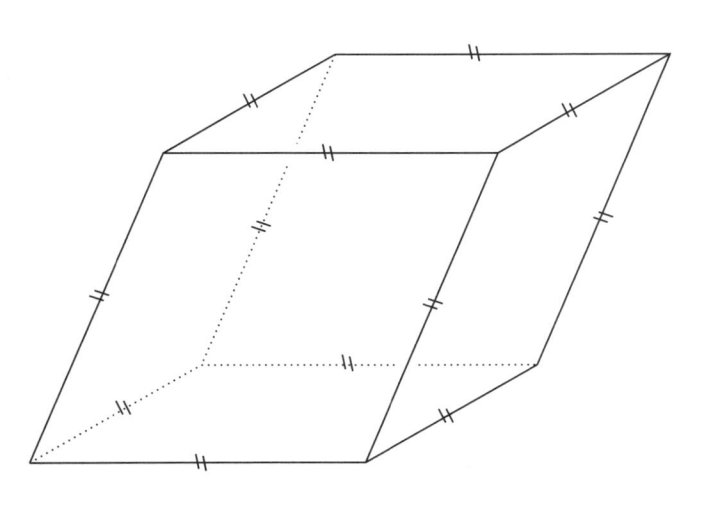

Note que as suas 6 faces são losangos.

Como ele é um paralelepípedo, as suas 4 diagonais são concorrentes num mesmo ponto que é o ponto médio de cada uma delas.

6 – Romboedro reto

Definição: Romboedro reto é o romboedro que tem uma aresta perpendicular a uma face.

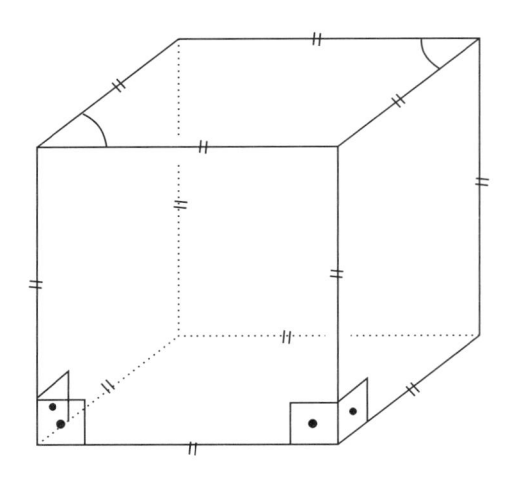

Note que se uma aresta for perpendicular a uma face, então 4 arestas serão perpendiculares a duas faces.

Considerando essas 4 arestas como sendo laterais, as 4 faces laterais serão quadrados (losangos que tem ângulo reto) congruentes entre si.

As secções diagonais determinadas por arestas laterais são perpendiculares e são bissetores dos diedros laterais.

7 – Cubo

Definição: Cubo é o romboedro reto cuja base é um quadrado.

Obs: Note que o cubo é um hexaedro regular e que também é um prisma quadrangular regular com altura igual a aresta da base.

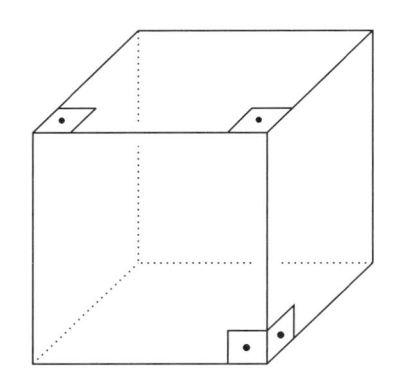

As seis faces são quadrados congruentes entre si.

As três alturas, uma relativa a cada par de faces opostas, são iguais.

Duas secções diagonais que contêm arestas paralelas entre si são perpendiculares.

Qualquer secção diagonal é bissetor dos diedros opostos cujas arestas contêm as arestas opostas que a determina.

As 4 diagonais são congruentes entre si.

8 – Diagonal, área e volume do cubo

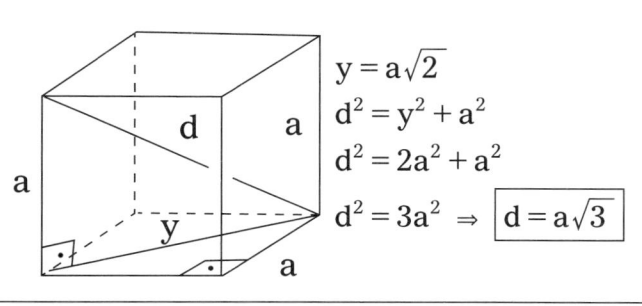

$y = a\sqrt{2}$
$d^2 = y^2 + a^2$
$d^2 = 2a^2 + a^2$
$d^2 = 3a^2 \Rightarrow \boxed{d = a\sqrt{3}}$

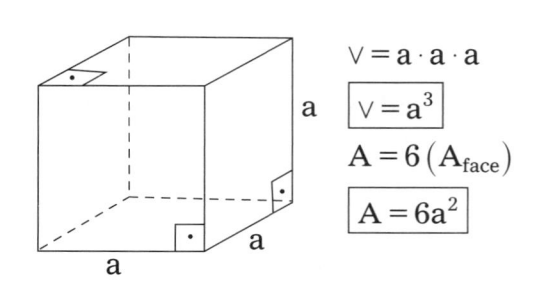

$V = a \cdot a \cdot a$
$\boxed{V = a^3}$
$A = 6(A_{face})$
$\boxed{A = 6a^2}$

9 – Diagonal, área e volume do paralelepípedo retângulo (ou reto retângulo)

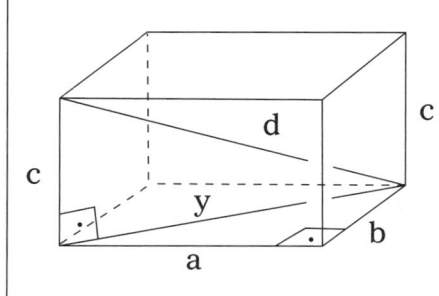

$y^2 = a^2 + b^2$
$d^2 = y^2 + c^2$
$d^2 = a^2 + b^2 + c^2$
$\boxed{d = \sqrt{a^2 + b^2 + c^2}}$

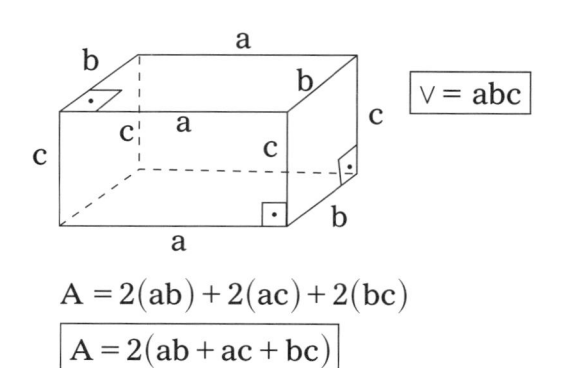

$\boxed{V = abc}$

$A = 2(ab) + 2(ac) + 2(bc)$
$\boxed{A = 2(ab + ac + bc)}$

Exemplo 1: Determinar a diagonal o volume e a área de um cubo com aresta de 5cm.

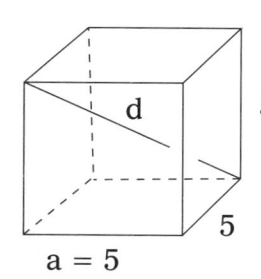

1) **Diagonal:** $d = a\sqrt{3} \Rightarrow \boxed{d = 5\sqrt{3} \text{ cm}}$

2) **Volume:** $V = a^3 \Rightarrow V = 5^3 \Rightarrow \boxed{V = 125 \text{ cm}^3}$

3) **Área:** $A = 6a^2 \Rightarrow A = 6 \cdot 5^2 \Rightarrow \boxed{A = 150 \text{cm}^2}$

Exemplo 2: Determinar o volume, a diagonal e a área de um paralelepípedo retângulo com arestar de 4 cm, 6 cm e 8 cm.

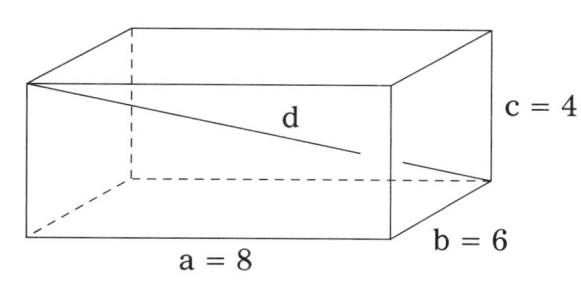

1) **Volume:** $V = abc \Rightarrow V = 4 \cdot 6 \cdot 8 \Rightarrow \boxed{V = 192 \text{ cm}^3}$

2) **Diagonal:** $d = \sqrt{a^2 + b^2 + c^2}$

$d = \sqrt{4^2 + 6^2 + 8^2} = \sqrt{116} \Rightarrow d = \sqrt{4 \cdot 29} \Rightarrow \boxed{d = 2\sqrt{29} \text{ cm}}$

3) **Área:** $A = 2(ab + ac + bc) \Rightarrow A = 2(4 \cdot 6 + 4 \cdot 8 + 6 \cdot 8) \Rightarrow$

$A = 2(24 + 32 + 48) \Rightarrow A = 2(104) \Rightarrow \boxed{A = 208 \text{ cm}^2}$

Exemplo 3: Um hexaedro regular (cubo) tem 96 cm² de área. Determinar a sua diagonal e o seu volume.

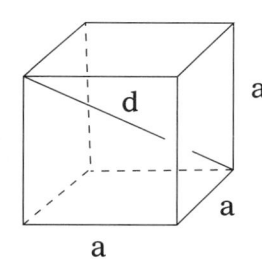

1) $A = 6a^2 \Rightarrow 96 = 6a^2 \Rightarrow a^2 = 16 \Rightarrow \boxed{a = 4}$

2) **Diagonal:** $d = a\sqrt{3} \Rightarrow \boxed{d = 4\sqrt{3} \text{ cm}}$

3) **Volume:** $V = a^3 \Rightarrow V = 4^3 \Rightarrow \boxed{V = 64 \text{ cm}^3}$

Exemplo 4: As dimensões de um paralelepípedo retângulo são proporcionais a 1, 2 e 3 e ele tem 88 cm² de área. Determinar o volume e a diagonal deste sólido.

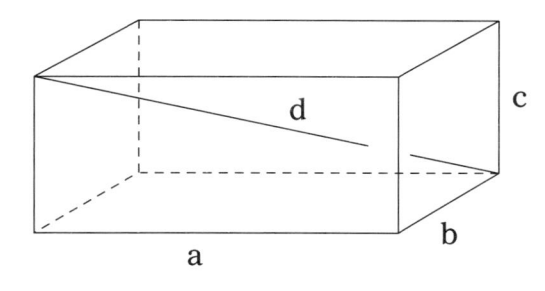

1) **Cálculo das dimensões:**

$\dfrac{a}{1} = \dfrac{b}{2} = \dfrac{c}{3} = k \Rightarrow \boxed{a = k, b = 2k, c = 3k}$

$A = 2(ab + ac + bc) \Rightarrow 88 = 2(k \cdot 2k + k \cdot 3k + 2k \cdot 3k) \Rightarrow$

$44 = 11k^2 \Rightarrow k^2 = 4 \Rightarrow \boxed{k = 2} \Rightarrow \boxed{a = 2, b = 4, c = 6}$

2) **Volume:** $V = abc \Rightarrow V = 2 \cdot 4 \cdot 6 \Rightarrow \boxed{V = 48 \text{ cm}^3}$

3) **Diagonal:** $d = \sqrt{a^2 + b^2 + c^2} \Rightarrow d = \sqrt{2^2 + 4^2 + 6^2} \Rightarrow d = \sqrt{56} \Rightarrow d = \sqrt{4 \cdot 14} \Rightarrow$

$\boxed{d = 2\sqrt{14} \text{ cm}}$

Exemplo 5: As dimensões de um paralelepípedo retângulo (ortoedro) são inversamente proporcionais a 3, 4 e 6. Determinar o seu volume e área, sabendo que a sua diagonal mede $2\sqrt{29}$ cm.

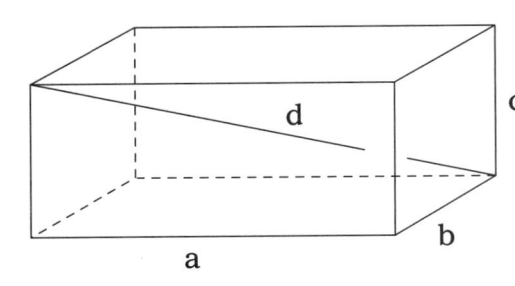

1) Se são inversamente proporcionais a 3, 4 e 6, então são diretamente proporcionais a $\frac{1}{3}, \frac{1}{4}$ e $\frac{1}{6}$. então:

$$\frac{a}{\frac{1}{3}} = \frac{b}{\frac{1}{4}} = \frac{c}{\frac{1}{6}} \Rightarrow 3a = 4b = 6c = k \Rightarrow \boxed{a = \frac{k}{3}, b = \frac{k}{4}, c = \frac{k}{6}}$$

2) **Cálculo das dimensões:** $d = \sqrt{a^2 + b^2 + c^2} \Rightarrow a^2 + b^2 + c^2 = \left(2\sqrt{29}\right)^2 \Rightarrow$

$\frac{k^2}{9} + \frac{k^2}{16} + \frac{k^2}{36} = 4 \cdot 29$ (mmc = 144) $\Rightarrow 16k^2 + 9k^2 + 4k^2 = 4 \cdot 29 \cdot 144$

$29k^2 = 4 \cdot 29 \cdot 144 \Rightarrow k = 24 \Rightarrow a = 8, b = 6$ e $c = 4$

3) **Volume:** $V = abc \Rightarrow V = 8 \cdot 6 \cdot 4 \Rightarrow \boxed{V = 192 \text{cm}^3}$

4) **Área:** $A = 2(ab + ac + bc) = 2(8 \cdot 6 + 8 \cdot 4 + 6 \cdot 4) = 2(104) \Rightarrow \boxed{A = 208 \text{ cm}^2}$

Exemplo 6: A soma das medidas de todas as arestas de um paralelepípedo retângulo é 96 cm. Se ele tem 352 cm² de área e as dimensões formam uma progressiva aritmética (PA), quanto mede a sua diagonal e qual é o seu volume?

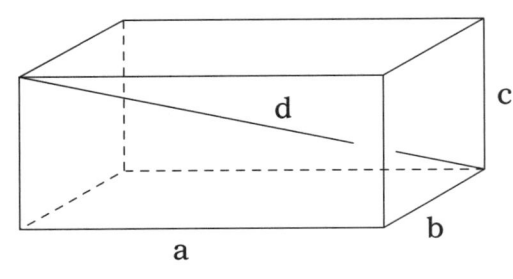

1) Sendo r a razão da PA (a, b, c), temos:
   (a, b, c) = (b − r, b, b + r)

2) Quatro arestas de cada medida, obtemos
   $4a + 4b + 4c = 96 \Rightarrow a + b + c = 24 \Rightarrow b - r + b + b + r = 24 \Rightarrow$
   $\Rightarrow 3b = 24 \Rightarrow \boxed{b = 8} \Rightarrow \boxed{a = 8 - r}$ e $\boxed{c = 8 + r}$

3) $A = 2(ab + ac + bc) \Rightarrow 352 = 2[(8-r) \cdot 8 + (8-r)(8+r) + 8(8+r)] \Rightarrow$
   $176 = 64 - 8r + 64 - r^2 + 64 + 8r \Rightarrow r^2 = 192 - 176 \Rightarrow r^2 = 16 \Rightarrow$
   $\boxed{r = 4} \Rightarrow a = 4, b = 8, c = 12$

4) **Volume:** $V = abc \Rightarrow V = 4 \cdot 8 \cdot 12 \Rightarrow \boxed{V = 384 \text{ cm}^3}$

5) **Diagonal:** $d = \sqrt{a^2 + b^2 + c^2} \Rightarrow d = \sqrt{4^2 + 8^2 + 12^2} \Rightarrow$
   $d = \sqrt{4 \cdot 4 + 8 \cdot 8 + 12 \cdot 12} = \sqrt{16(1 + 4 + 9)} \Rightarrow \boxed{d = 4\sqrt{14} \text{ cm}}$

Exemplo 7: Determinar o seno do ângulo que uma diagonal do cubo forma com uma de suas faces.

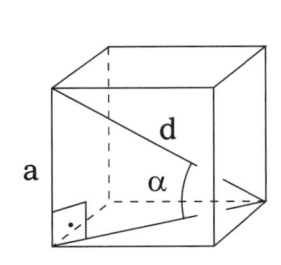

$\text{sen}\alpha = \frac{a}{d}$

$\text{sen}\alpha = \frac{a}{a\sqrt{3}} = \frac{1}{\sqrt{3}}$

$\boxed{\text{sen}\alpha = \frac{\sqrt{3}}{3}}$

Exemplo 8: Determinar o cosseno do ângulo agudo formado por duas diagonais de um hexaedro regular (cubo).

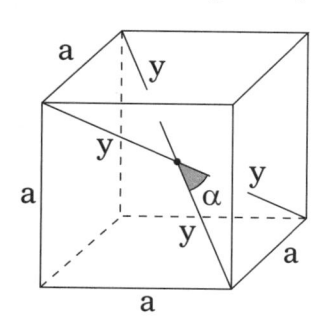

1) $y = \dfrac{d}{2} \Rightarrow y = \dfrac{a\sqrt{3}}{2}$

2) Lei dos cossenos: $a^2 = y^2 + y^2 - 2y \cdot y \cdot \cos \alpha \Rightarrow$

$a^2 = 2y^2 - 2y^2 \cos \alpha \Rightarrow a^2 = 2\left(\dfrac{a\sqrt{3}}{2}\right)^2 - 2\left(\dfrac{a\sqrt{3}}{2}\right)^2 \cos \alpha$

$\Rightarrow a^2 = \dfrac{3a^2}{2} - \dfrac{3a^2}{2} \cos \alpha \Rightarrow 2a^2 = 3a^2 - 3a^2 \cos\alpha$

$\Rightarrow 3a^2 \cos\alpha = a^2 \Rightarrow \boxed{\cos\alpha = \dfrac{1}{3}}$

Exemplo 9: A soma das áreas de duas faces adjacentes de um paralelepípedo retângulo é 48 cm², a soma das dimensões é 19 cm e a sua diagonal mede 13 cm. Determinar o seu volume.

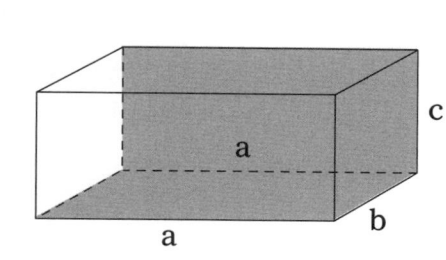

1) $\begin{cases} ab + ac = 48 \\ a + b + c = 19 \\ \sqrt{a^2 + b^2 + c^2} = 13 \end{cases} \Rightarrow \begin{cases} a(b+c) = 48 \\ b + c = 19 - a \end{cases} \Rightarrow$

$\Rightarrow a(19 - a) = 48 \Rightarrow 19a - a^2 = 48 \Rightarrow a^2 - 19a + 48 = 0 \Rightarrow$

$(a-3)(a-16) = 0 \Rightarrow \boxed{a = 3}$ ou $\boxed{a = 16}$

Como a = 16 é maior que a diagonal d = 13, este valor 16 não convém

Então: $a = 3 \Rightarrow \begin{cases} 3 + b + c = 19 \\ 3^2 + b^2 + c^2 = 169 \end{cases} \Rightarrow \begin{cases} b + c = 16 \\ b^2 + c^2 + 160 \end{cases} \Rightarrow$

$\begin{cases} b^2 + 2bc + c^2 = 256 \\ b^2 + c^2 = 160 \end{cases} \Rightarrow 2bc + 160 = 256 \Rightarrow 2bc = 96 \Rightarrow \boxed{bc = 48}$

Volume: $V = abc \Rightarrow a = 3$ e $bc = 48 \Rightarrow V = 3 \cdot 48 \Rightarrow \boxed{V = 144 \text{ cm}^3}$

Exemplo 10: A soma das dimensões de um paralelepípedo retângulo é $8\sqrt{3}$ cm e a sua diagonal mede $3\sqrt{10}$ cm. Qual é a sua área?

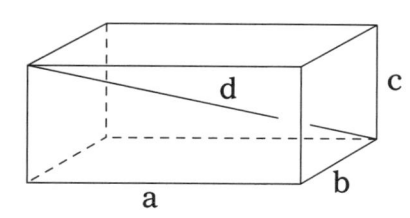

$\begin{cases} a + b + c = 8\sqrt{3} \\ \sqrt{a^2 + b^2 + c^2} = 3\sqrt{10} \end{cases}$

Quadrando a primeira equação, obtemos:

$(a + b + c)^2 = (8\sqrt{3})^2 \Rightarrow a^2 + b^2 + c^2 + 2ab + 2ac + 2bc = 192$

Como $a^2 + b^2 + c^2$ é o quadrado da diagonal e $2ab + 2ac + 2bc$ é a área temos:

$d^2 + A = 192 \Rightarrow (3\sqrt{10})^2 + A = 192 \Rightarrow 90 + A = 192 \Rightarrow \boxed{A = 102 \text{ cm}^2}$

Exemplo 11: Se aumentarmos a diagonal de um cubo em 6 cm, o seu volume aumenta $168\sqrt{3}$ cm³. Qual é a área deste cubo?

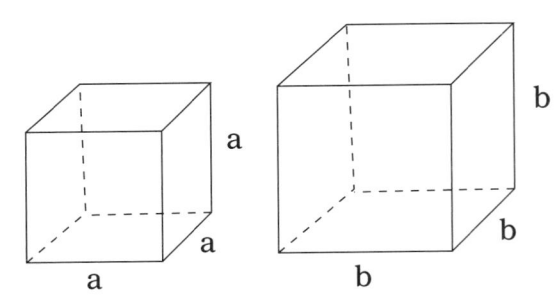

1) Diagonal iguais a $a\sqrt{3}$ e $b\sqrt{3}$
2) Volume iguais a a^3 e b^3
Então:

$$\begin{cases} b\sqrt{3} = a\sqrt{3} + 6 \Rightarrow b = a + \dfrac{6}{\sqrt{3}} \Rightarrow \boxed{b = a + 2\sqrt{3}} \\ b^3 = a^3 + 168\sqrt{3} \Rightarrow (a + 2\sqrt{3})^3 = a^3 + 168\sqrt{3} \Rightarrow \end{cases}$$

$a^3 + 3a^2(2\sqrt{3}) + 3a(2\sqrt{3})^2 + (2\sqrt{3})^3 = a^3 + 168\sqrt{3}$

$a^3 + 6\sqrt{3}\,a^2 + 36a + 24\sqrt{3} = a^3 + 168\sqrt{3} \Rightarrow$

$6\sqrt{3}\,a^2 + 36a - 144\sqrt{3} = 0 \Rightarrow \sqrt{3}\,a^2 + 6a - 24\sqrt{3} = 0 \Rightarrow$

$a^2 + \dfrac{6}{\sqrt{3}}a - 24 = 0 \Rightarrow a^2 + 2\sqrt{3}\,a - 24 = 0 \Rightarrow \Delta = 12 + 96 = 108$

$\Rightarrow a = \dfrac{-2\sqrt{3} \pm 6\sqrt{3}}{2} \Rightarrow \boxed{a = 2\sqrt{3}}$

3) A área pedida é a do original: $A = 6a^2 \Rightarrow A = 6(2\sqrt{3})^2 \Rightarrow \boxed{A = 72 \text{ cm}^2}$

Exemplo 12: A diagonal de um paralelepípedo retângulo forma um ângulo de 30° com uma de suas faces que tem lados de 9 cm e 12 cm. Qual é o volume deste sólido?

O ângulo que uma reta, oblíqua a um plano, forma com ele, é o ângulo que ela forma com a sua projeção ortogonal sobre o plano. Como a projeção ortogonal da diagonal do paralelepípedo sobre cada face é a diagonal da face, concorrente com ela, obtemos a figura mostrada.

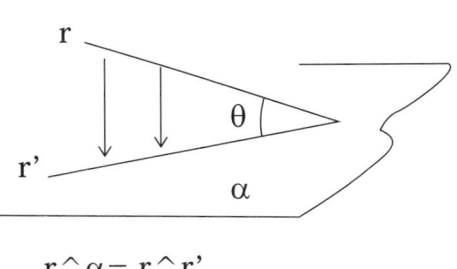

$r \wedge \alpha = r \wedge r'$

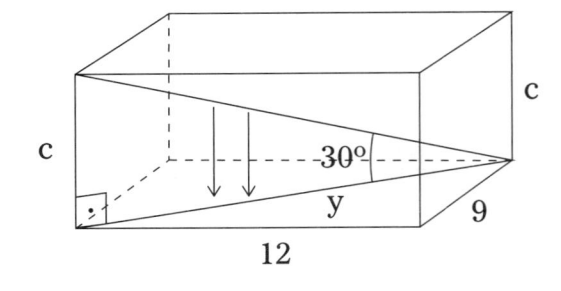

1) $y^2 = 9^2 + 12^2 \Rightarrow y^2 = 81 + 144 = 225 \Rightarrow \boxed{y = 15}$

2) $\text{tg}\,30° = \dfrac{c}{y} \Rightarrow \dfrac{\sqrt{3}}{3} = \dfrac{c}{15} \Rightarrow \boxed{c = 5\sqrt{3}}$

3) **Volume:** $V = abc \Rightarrow V = 12 \cdot 9 \cdot 5\sqrt{3} \Rightarrow \boxed{V = 540\sqrt{3} \text{ cm}^3}$

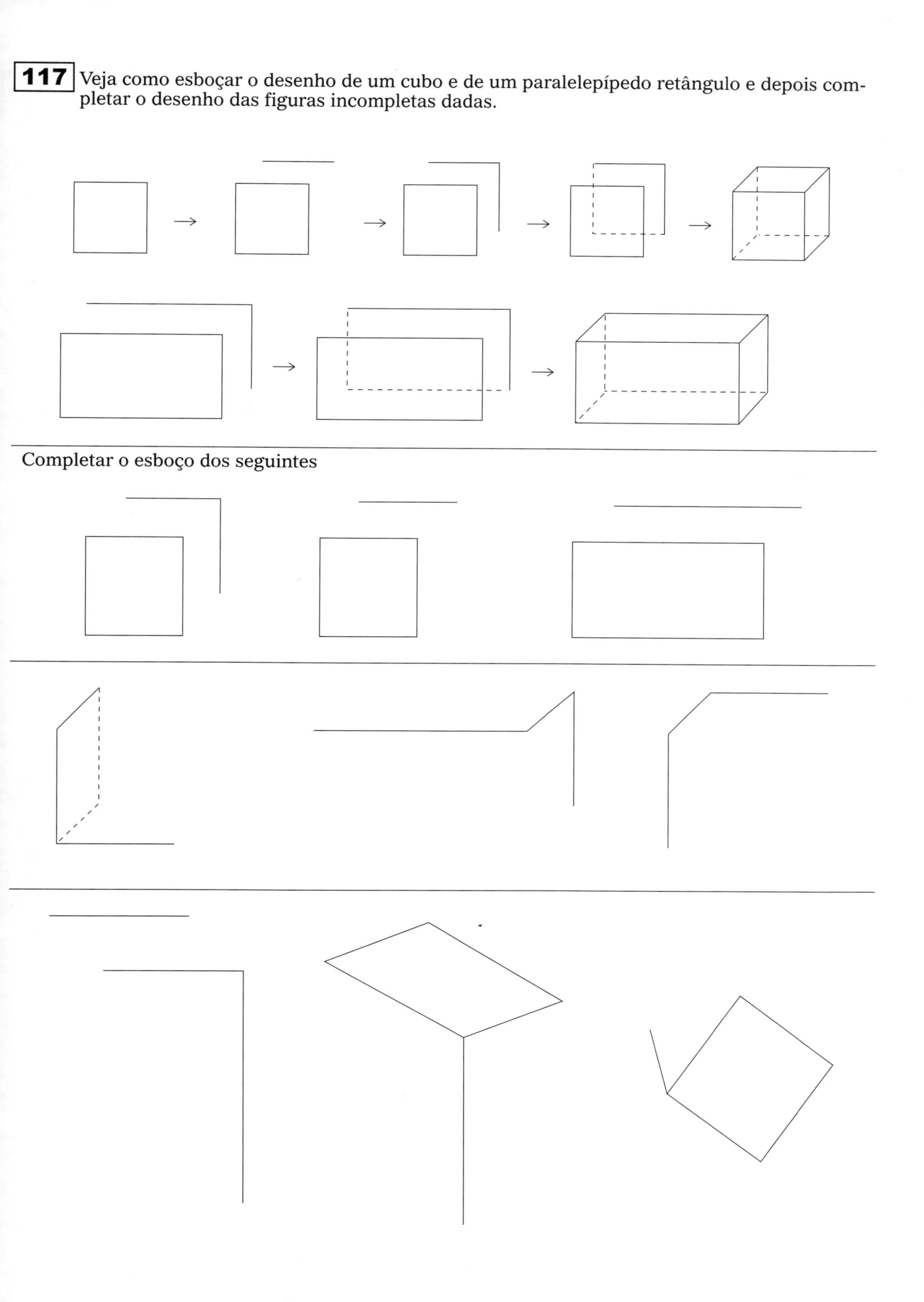

117 Veja como esboçar o desenho de um cubo e de um paralelepípedo retângulo e depois completar o desenho das figuras incompletas dadas.

Completar o esboço dos seguintes

118 Olhe como indicar o ângulo reto numa face retangular que não "parece" um retângulo.

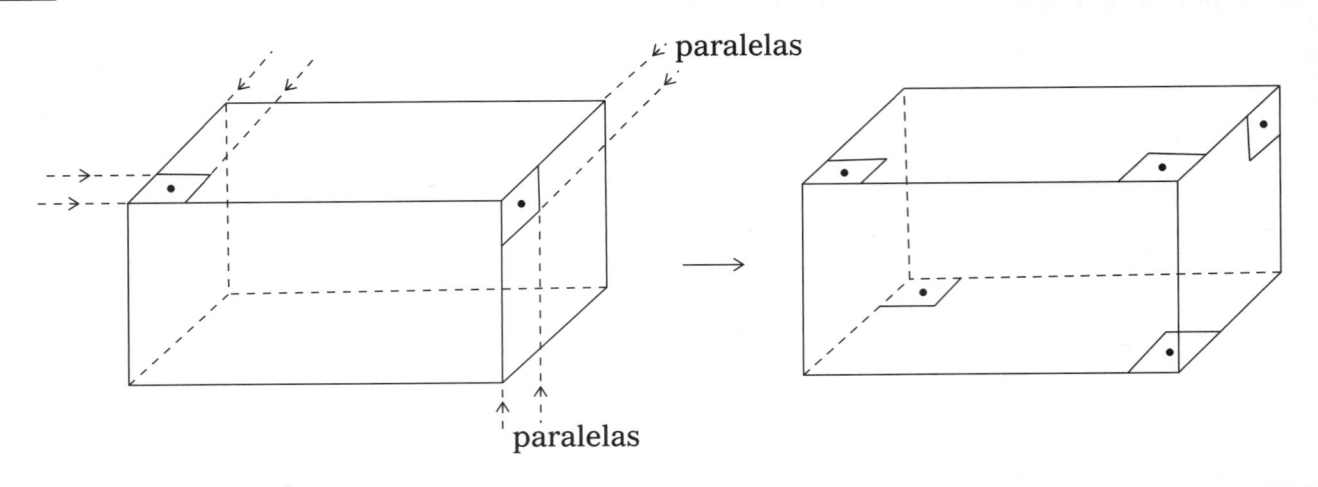

paralelas

paralelas

Indicar com símbolo de ângulo reto os ângulos das faces horizontais.	Indicar com símbolo de ângulo reto os ângulos das faces verticais que não "parecem" retângulo.

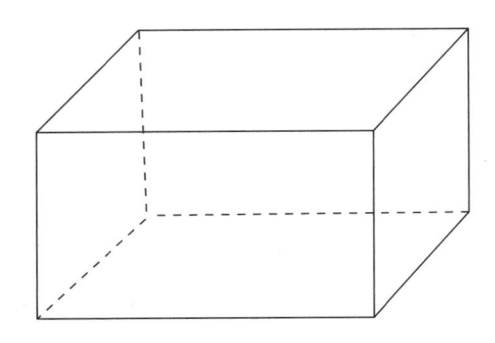

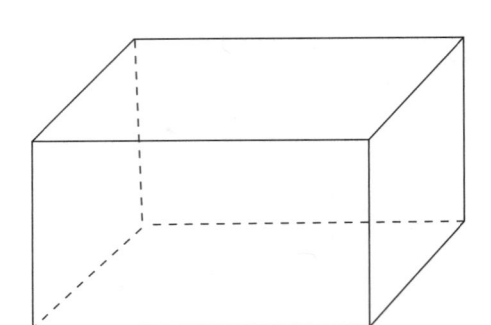

119 Esboçar o desenho pedido e indicar os ângulo retos pedidos

a) Um cubo com "quadrado base" de 4 cm e indicar os ângulos retos nas faces verticais que não parecem retângulos.

b) Um paralelepípedo com "retângulo base" com lados de 3 cm por 5 cm e indicar os ângulos retos nas faces horizontais.

120 Esboçar em folhas de rascunho, à mão livre, vários cubos e paralelepípedos até que seus colegas, que serão os juízes, os achem bons.

121 Determine o volume do cubo (hexaedro regular) nos casos:

a) A diagonal da face mede 6m.

b) A diagonal mede 12m.

c) A sua área é de 384m².

d) Uma secção diagonal dele tem $25\sqrt{2}$ m².

122 Determinar a área de um cubo de 1728m³.

123 Determine a diagonal de um cubo de $375\sqrt{3}$ m³.

124 A soma das medidas de todas as arestas de um cubo é 96m. Determine o volume, a área e a diagonal desse cubo.

125 Determine o volume e a área de um cubo cuja diferença entre a medida da aresta e da diagonal é 2m.

126 Se aumentarmos a aresta de um cubo em 4m, a sua área aumenta 336m². Qual é o volume desse cubo?

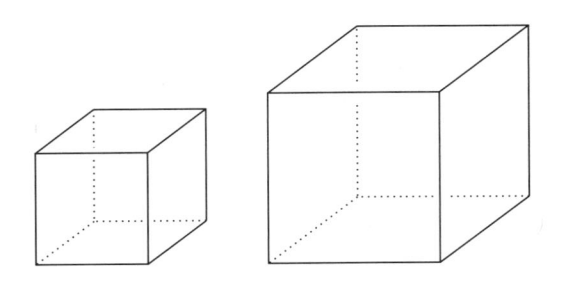

127 Se aumentarmos a diagonal de um cubo em 3m, a sua área aumenta 90m². Qual é o volume desse cubo?

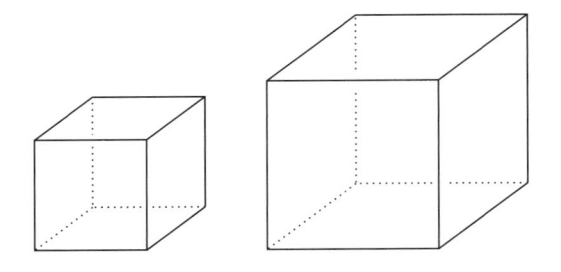

128 Se aumentarmos a aresta de um cubo em 3m, o seu volume aumenta 1647m³. Determine a área desse cubo.

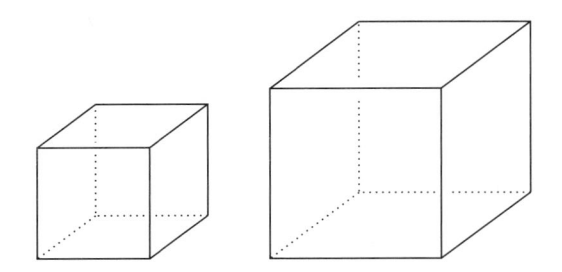

129 Se aumentarmos a diagonal de um cubo em 3m, o seu volume aumenta $111\sqrt{3}$ m³. Determine a área desse cubo.

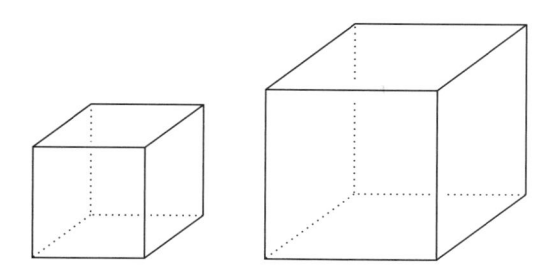

130 Determinar o volume, a área e a diagonal de um paralelepípedo retângulo de dimensões 2m, 4m e 6m.

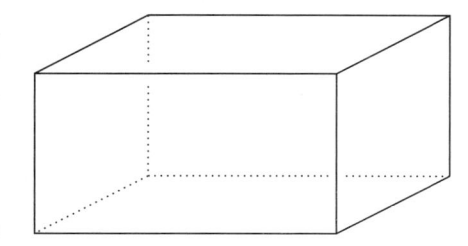

Resp: **121** a) $54\sqrt{2}$ m³ b) $192\sqrt{3}$ m³ c) 512 m³ d) 125 m³ **122** 864 m² **123** 15 m **124** 512 m³, 384 m² e $8\sqrt{3}$ m **125** $2(3\sqrt{3}+5)$ m³, $12(\sqrt{3}+2)$ m²

131 As dimensões de um paralelepípedo retângulo são proporcionais a 2, 3 e 4. Determine a sua diagonal sabendo que a sua área é de 468m²?

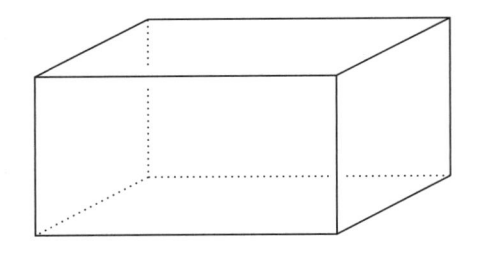

132 As diagonais das faces de um paralelepípedo retângulo medem 12m, 14m e 16m. Determine a sua diagonal.

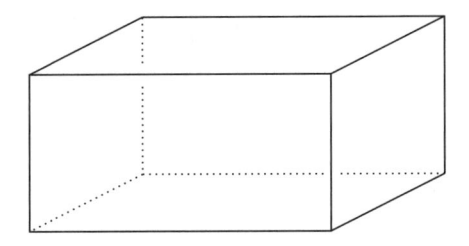

133 As áreas das faces de um paralelepípedo retângulo são 48m², 72m² e 96m². Determine o volume desse paralelepípedo.

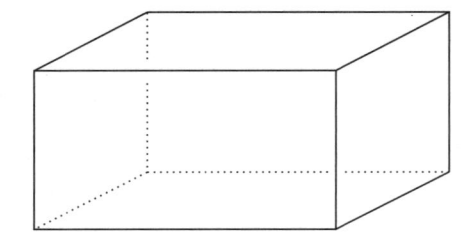

134 As dimensões de um paralelepípedo retângulo são proporcionais a 2, 3 e 5 e sua diagonal mede $2\sqrt{38}$ m. Qual é a sua área?

135 A soma das medidas de todas as arestas de um paralelepípedo retângulo é 80m. Se a sua área é de 100m², quanto mede a sua diagonal?

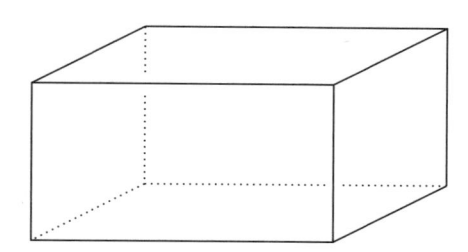

136 A diagonal de um paralelepípedo retângulo mede 18m e forma ângulos de 30° e 45° com duas faces desse sólido. Determine o seu volume.

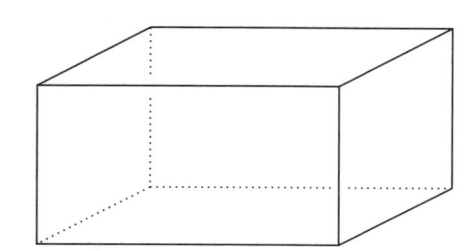

Resp: **126** 125 m³   **127** $24\sqrt{3}$ m³   **128** 864 m²   **129** 162 m²   **130** 48 m³, 88 m², $2\sqrt{14}$ m

137 As áreas das faces de um paralelepípedo retângulo são proporcionais a 3, 5 e 15. Se este paralelepípedo tem 184m², determine as dimensões.

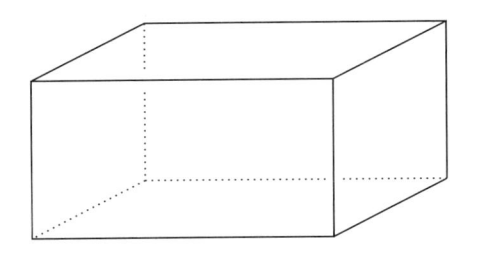

138 Sendo S_1, S_2 e S_3 as áreas das faces de um paralelepípedo retângulo, qual é o seu volume?

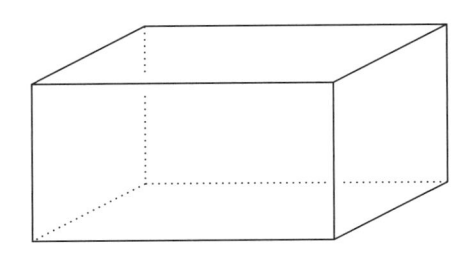

139 As dimensões de um paralelepípedo retângulo formam uma progressão aritmética. Se a soma das medidas de todas as arestas é 108m e a diagonal do paralelepípedo mede $3\sqrt{29}$ m, qual é o seu volume?

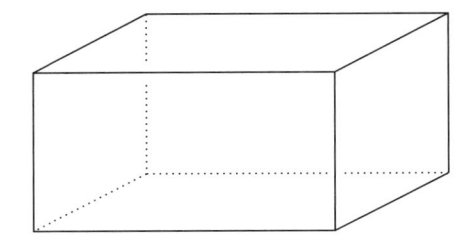

140 Duas faces de um paralelepípedo retângulo têm 6m² e 18m² e a sua diagonal mede $\sqrt{42}$ m. Determine o volume desse paralelepípedo.

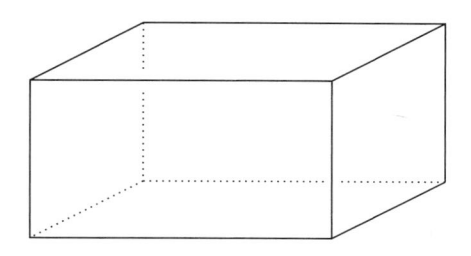

141 A soma das áreas de duas faces adjacentes de um paralelepípedo retângulo é igual 24m², a soma das dimensões é 10m e a diagonal mede 6m. Determine o volume desse paralelepípedo.

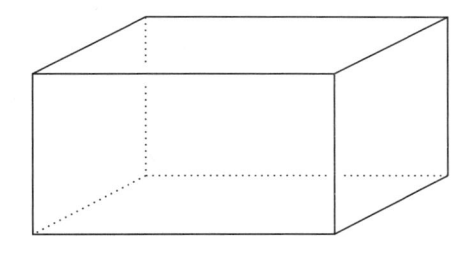

Resp: **131** $3\sqrt{29}$ m **132** $\sqrt{298}$ m **133** 576 m³ **134** 248 m² **135** $10\sqrt{3}$ m **136** $729\sqrt{2}$ m³ **137** 2 m, 6 m, 10 m **138** $\sqrt{S_1 \cdot S_2 \cdot S_3}$ **139** 648 m³ **140** $18\sqrt{3}$ m³ ou $\frac{18}{5}\sqrt{30}$ m³ **141** 32 m³

142 As dimensões de um paralelepípedo retângulo formam uma progressão aritmética e os quadrados das dimensões uma progressão geométrica. Achar a área deste sólido, sendo 6m a medida da sua diagonal.

143 De um paralelepípedo retângulo sabemos que a área de uma face é 12m², a área total é 144m² e a diagonal $7\sqrt{2}$ m. Determinar o volume do paralelepípedo.

(Identidade que pode ser útil: $(a + b + c)^2 = a^2 + b^2 + c^2 + 2ab + 2ac + 2bc$).

144 Resolver:
a) Determinar a área de um cubo de 216m³.
b) Determinar a diagonal de um cubo de 1944m².

145 Duas arestas de um paralelepípedo retângulo medem 3m e 4m. Se a diagonal dele mede 13m, qual é a sua área e o seu volume?

146 De um paralelepípedo retângulo sabemos que duas faces de 48m² e 80m² têm uma aresta de 8m em comum. Determine o volume, a área e a diagonal desse paralelepípedo.

147 Duas arestas de um paralelepípedo retângulo medem 4m e 8m e a diagonal de uma face que tem a aresta de 8m mede 17m. Determine a área desse paralelepípedo.

148 A diagonal de um paralelepípedo retângulo forma um ângulo de 30° com uma face de dimensões 12m e 9m. Determine o volume desse paralelepípedo.

149 Determine a área de um paralelepípedo retângulo cujas dimensões são proporcionais a 1, 3 e 5 e a área da menor face é 27m².

150 As dimensões de um paralelepípedo retângulo são proporcionais a 2, 3 e 6. Se a sua diagonal mede 14m, qual é o seu volume?

151 As áreas das faces de um paralelepípedo retângulo são proporcionais a 3, 6 e 10. Se o sólido tem 150m³, determine as dimensões.

152 A diferença entre as diagonais de dois cubos e $3\sqrt{3}$ m e a diferença entre os seus volumes é 999m³. Determine a área do menor deles.

153 A diagonal de um paralelepípedo retângulo mede 12m e forma um ângulo de 30° com uma face e um ângulo de 60° com uma aresta dessa face. Qual é o volume desse paralelepípedo?

Resp: **142** 72 m² **143** $60\sqrt{2}$ m³ ou $72\sqrt{2}$ m³ **144** a) 216 m² b) $18\sqrt{3}$ m **145** 192 m², 144 m² **146** 480 m³, 376 m² $10\sqrt{2}$ m **147** 424 m² **148** $540\sqrt{3}$ m³ **149** 414 m² **150** 288 m³ **151** 3 m, 5 m, 10 m **152** 486 m² **153** $216\sqrt{2}$ m³

10 – Medidas

A – Segmentos

múltiplos do metro			Unidade	submúltiplos do metro		
quilômetro	hectômetro	decâmetro	metro	decímetro	centímetro	milímetro
km	hm	dam	m	dm	cm	mm
1000 m	100 m	10 m	1 m	0,1 m	0,01 m	0,001 m

Em verdadeira grandeza (observar em uma régua milimetrada):

1 mm: ⊢⊣

1 cm: ⊢―――⊣ = 10 mm

1 dm: ⊢―――――――――――⊣ = 10 cm

1 cm = 10 mm, 1 dm = 10 cm = 10 (1 cm) = 10 (10 mm) = 100 mm

Em escala:

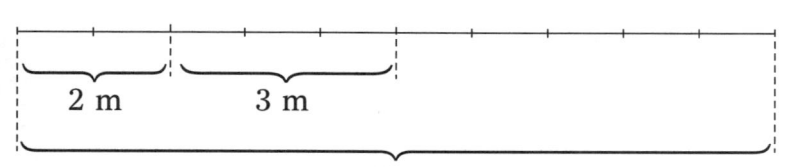

1 m

⎧ 2 m ⎫ ⎧ 3 m ⎫
⎣ 10 m = 1 dam ⎦

Exemplo: 1 dam = 10 m = 10 (1 m) = 10 (10 dm) = 100 dm

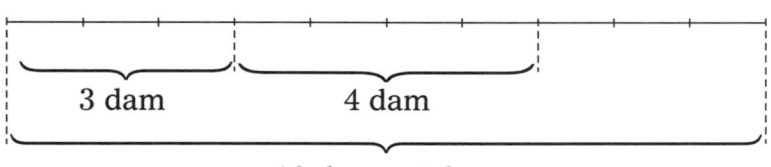

1 dam

⎧ 3 dam ⎫ ⎧ 4 dam ⎫
⎣ 10 dam = 1 hm ⎦

Exemplo: 1 hm = 10 dam = 10 (1 dam) = 10 (100 dm) = 1000 dm

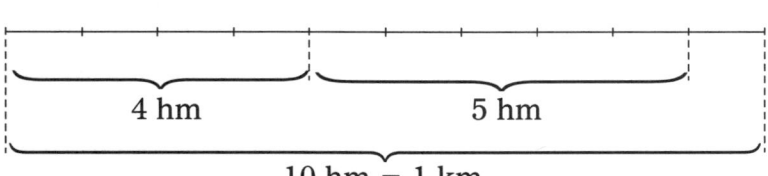

1 hm

⎧ 4 hm ⎫ ⎧ 5 hm ⎫
⎣ 10 hm = 1 km ⎦

Exemplos:
1) 1 km = 10 hm = 10 (1 hm) = 10 (1000 dm) = 10 000 dm
2) 1 km = 10 000 dm = 10 000 (1 dm) = 10 000 (10 cm) = 100 000 cm
3) 1 km = 10^5 cm = 10^5 (1 cm) = 10^5 (10 mm) = 10^6 mm

Exemplos:

1) 10 m = 1 dam $\Rightarrow$ 10 (1 m) = 1 dam $\Rightarrow$ 1 m = $\frac{1}{10}$ dam $\Rightarrow$ 1 m = 0,1 dam

Da mesma forma:

2) hm = 0,1 km ; 1 cm = 0,1 dm ; 1 mm = 0,1 cm

3) 1 m = 0,01 hm ; 1 dm = 0,01 dam ; 1 cm = 0,001 dam

4) 1 cm = 0,001 dam = $\frac{1}{1000}$ dam = $\frac{1}{10^3}$ dam = 10^{-3} dam

5) 174,2 m = 17,42 dam = 1,742 hm = 0,1742 km

6) 2,432 km = 24,32 hm = 243, 2 dam = 2432 m = 24320 dm

154 Completar:

a) 1 km =	hm	1 hm =	dam	1 dam =	m
b) 1 m =	dm	1 dm =	cm	1 cm =	mm
c) 1 km =	dam	1 hm =	m	1 dam =	dm
d) 1 m =	cm	1 dm =	mm	1 km =	m
e) 1 hm =	dm	1 dam =	cm	1 m =	mm
f) 1 km =	dm	1 hm =	cm	1 dam =	mm

155 Completar:

a) 1 dm =	m	1 cm =	m	1 mm =	m
b) 1 m =	dam	1 hm =	km	1 dam =	km
c) 1 m =	hm	1 mm =	dm	1 m =	km
d) 1 cm =	dm	1 dm =	dam	1 mm =	dam
e) 1 dam =	hm	1 dm =	hm	1 cm =	dam
f) 1 dm =	km	1 cm =	km	1 mm =	hm

156 Completar, usando potência de base 10.

a) 1 km =	m	1 km =	dm	1 km =	cm
b) 1 hm =	m	1 hm =	dm	1 hm =	mm
c) 1 dam =	cm	1 m =	mm	1 m =	dm
d) 1 km =	mm	1 hm =	cm	1 dam =	mm
e) 1 km =	hm	1 km =	dam	1 hm =	dam

| km | hm | dam | m | dm | cm | mm |

157 Completar, usando potência de base 10.

Lembre-se de que: $0{,}001 = \dfrac{1}{1000} = \dfrac{1}{10^3} = 10^{-3}$, $0{,}0001 = 10^{-4}$.

a) 1 m =   dam | 1 cm =   dm

b) 1 mm =   dm | 1 m =   hm

c) 1 cm =   dam | 1 cm =   hm

d) 1 mm =   hm | 1 dm =   km

e) 1 cm =   km | 1 m =   km

158 Completar:

a) 2,785 m =   dm =   cm =   mm

b) 7432,5 m =   dam =   hm =   km

c) 52 m =   hm =   cm =   dam

d) 0,052 km =   m =   cm =   mm

e) 7 m =   km =   dam =   cm

f) 5000 mm =   m =   cm =   hm

159 Deixando a vírgula onde está, multiplicando por uma potência conveniente de base 10, transformar em metros as seguintes medidas:

a) 2,78 km = | 3,1 hm =

b) 3,16 dam = | 4,1 cm =

c) 2,25 dm = | 3,7 mm =

160 Expressar em um número de metros, com apenas um algarismo e não nulo, antes da vírgula, as seguintes medidas:

a) 324,7 km = 324700 m = $3{,}247 \cdot 10^5$ m (ou $3{,}247 \cdot 10^2$ km = $3{,}247 \cdot 10^2 \cdot 10^3$ m) = $3{,}247 \cdot 10^5$ m

b) 735,6 hm =

c) 6412 km =

d) 547000 cm =

e) 0,071 km =

f) 0,273 cm =

g) 0,0421 mm =

B – Regiões planas (áreas)

múltiplos do m²			Unidade	submúltiplos do m²		
quilômetro quadrado	hectômetro quadrado	decâmetro quadrado	metro quadrado	decímetro quadrado	centímetro quadrado	milímetro quadrado
km²	hm²	dam²	m²	dm²	cm²	mm²
1000 000 m²	10000 m²	100 m²	1 m²	0,01 m²	0,0001 m²	0,000001 m²

Em verdadeira grandeza:

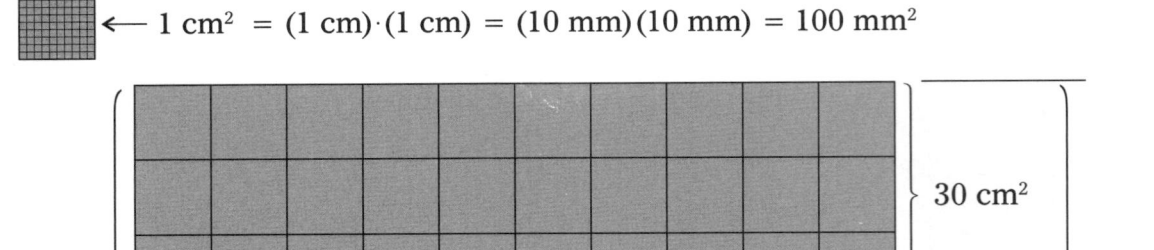

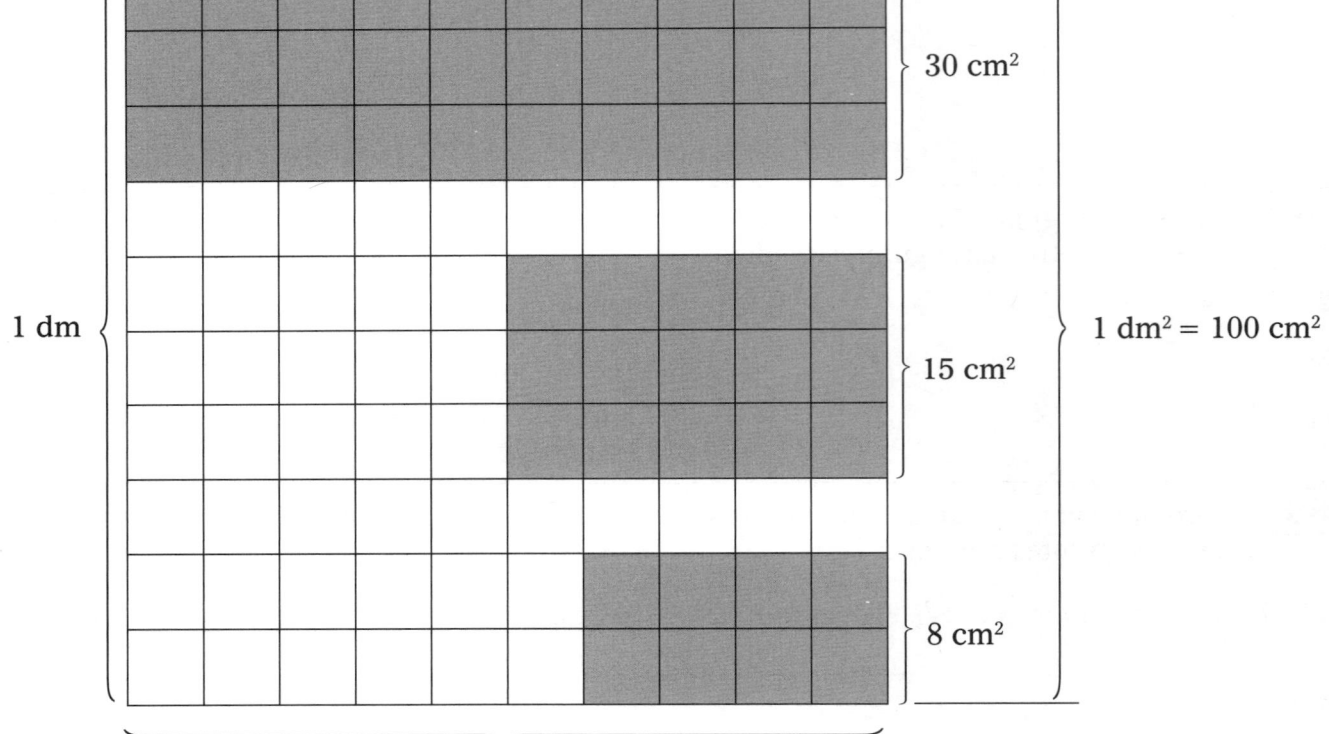

■ ← 1 mm²

← 1 cm² = (1 cm)·(1 cm) = (10 mm)(10 mm) = 100 mm²

1 dm² = 100 cm²

30 cm²
15 cm²
8 cm²

1 dm

Exemplo: 100 cm² = (10 cm)(10 cm) = (100 mm)(100 mm) = 10000 mm²

Da mesma forma obtemos:

1) 1 m² = (1 m)(1 m) = (10 dm)(10 dm) = 100 dm²

2) 1 m² = 100 dm² = 100 (1 dm²) = 100 (100 cm²) = 10 000 cm²

3) 1 dam² = (1 dam)(1 dam) = (10 m)(10 m) = 100 m²

4) 1 hm² = (1 hm)(1 hm) = (100 m)(100 m) = 10000 m²

5) 1 km² = (1 km)(1 km) = (1000 m)(1000 m) = 1 000 000 m²

Exemplo:

1) 1 km² = 100 hm² ; 1 hm² = 100 dam² ; 1 dam² = 100 m²

2) 1 km² = 100 (1 hm²) = 100 (100 dam²) = 10000 dam² = 10^4 dam²

3) 1 km² = 10^4 dam² = 10^4 (1 dam²) = $10^4 \cdot$ (100 m²) = $10^4 \cdot 10^2$ m² = 10^6 m²

4) 1 km² = 10^6 m² = $10^6 \cdot$ (1 m²) = $10^6 \cdot$ (100 dm²) = $10^6 \cdot 10^2$ dm² = 10^8 dm²

5) 100 cm² = 1 dm² $\Longrightarrow$ 100 (1 cm²) = 1 dm² $\Longrightarrow$ 1 cm² = $\frac{1}{100}$ dm² $\Longrightarrow$ 1 cm² = 0,01 dm² ou
1 cm² = $\frac{1}{10^2}$ dm² $\Longrightarrow$ 1 cm² = 10^{-2} dm²
Da mesma forma:

6) 1 mm² = 0,01 cm² ou 1 mm² = 10^{-2} cm²

7) 1 m² = 0,01 dam² ou 1 m² = 10^{-2} dam²

8) 1 dam² = 0,0001 km² ou 1 dam² = 10^{-4} km²

9) 17843 m² = 178,43 dam² = 1,7843 hm² = 0,017843 km²

10) 0,03481 km² = 3,481 hm² = 348,1 dam² = 34810 m² = 3481000 dm²

161 Completar:

a) 1 km² =   hm² | 1 hm² =   dam² | 1 dam² =   m²
b) 1 m² =   dm² | 1 dm² =   cm² | 1 cm² =   mm²
c) 1 hm² =   m² | 1 km² =   dam² | 1 dm² =   mm²
d) 1 m² =   cm² | 1 dam² =   dm² | 1 km² =   m²
e) 1 hm² =   dm² | 1 dam² =   cm² | 1 m² =   mm²

162 Completar:

a) 1 dm² =   m² | 1 hm² =   km² | 1 mm² =   cm²
b) 1 dam² =   hm² | 1 cm² =   dm² | 1 m² =   hm²
c) 1 dam² =   km² | 1 mm² =   dm² | 1 cm² =   m²
d) 1 m² =   km² | 1 mm² =   m² | 1 dm² =   hm²

163 Completar, usando potência de base 10.

a) 1 km² =   m² | 1 hm² =   m² | 1 hm² =   dm²
b) 1 km² =   dm² | 1 hm² =   cm² | 1 km² =   cm²
c) 1 dam² =   cm² | 1 km² =   dam² | 1 dam² =   mm²
d) 1 m² =   mm² | 1 km² =   mm² | 1 dm² =   mm²

Resp: **154** a) 10 ; 10 ; 10   b) 10 ; 10 ; 10   c) 100 ; 100 ; 100   d) 100 ; 100 ; 1000   e) 1000 ; 1000 ; 1000   f) 10000 ; 10000 ; 10000

155 a) 0,1 ; 0,01 ; 0,001   b) 0,1 ; 0,1 ; 0,01   c) 0,01 ; 0,01 ; 0,001   d) 0,1 ; 0,01 ; 0,0001   e) 0,1 ; 0,001 ; 0,001

f) 0,0001 ; 0,00001 ; 0,00001   **156** a) 10^3 ; 10^4 ; 10^5 b) 10^2 ; 10^3 ; 10^5 c) 10^3 ; 10^3 ; 10   d) 10^6 ; 10^4 ; 10^4

e) 10 ; 10^2 ; 10   **157** a) 10^{-1} ; 10^{-1} b) 10^{-2} ; 10^{-2} c) 10^{-3} ; 10^{-4} d) 10^{-5} ; 10^{-4}

e) 10^{-5} ; 10^{-3} **158** a) 27,85 dm = 278,5 cm = 2785 mm   b) 743,25 dam = 74,325 hm = 7,4325 km

c) 0,52 hm = 5200 cm = 5,2 dam   d) 52 m = 5200 cm = 52000 mm   e) 0,007 km = 0,7 dam = 700 cm   f) 5 m = 500 cm = 0,05 hm

159 a) 2,78 · 10^3 m ; 3,1 · 10^2 m   b) 3,16 · 10 m ; 4,1 · 10^{-2} m   c) 2,25 · 10^{-1} m ; 3,7 · 10^{-3} m

160 a) 3,247 · 10^5 m   b) 7,356 · 10^4 m   c) 6,412 · 10^6 m   d) 5,47 · 10^3 m   e) 7,1 · 10 m   f) 2,73 · 10^{-3} g) 4,21 · 10^{-5} m

164 Completar, usando potência de base 10.

a) 1 m² =   dam² | 1 hm² =   km²
b) 1 cm² =   m² | 1 dm² =   dam²
c) 1 mm² =   m² | 1 dm² =   hm²
d) 1 mm² =   hm² | 1 cm² =   km²
e) 1 dm² =   km² | 1 cm² =   dam²

165 Completar:

a) 3,4897 m² =   dm² =   cm² =   mm²
b) 479860 m² =   dam² =   hm² =   km²
c) 49 m² =   dm² =   cm² =   mm²
d) 0,002 hm²   dam² =   cm² =   m²
e) 9 m² =   dam² =   cm² =   hm²
f) 0,07 hm² =   dm² =   km² =   cm²

166 Deixando a vírgula onde está, multiplicando por uma potência conveniete de base 10, transformar em metros quadrados as seguintes medidas:

a) 3,41 dam² = | 7,41 hm² =
b) 3,41 km² = | 1,47 cm² =
c) 9,45 dm² = | 6,08 mm² =

167 Expressar em número de metros quadrados, com apenas um algarismo e não nulo, antes da vírgula, as seguintes medidas:

a) 24180 dam² = 2418000 m² = 2,418 · 10⁶ m² (ou 2,418 · 10⁴ dam² = 2,418 · 10⁴ · 10² m² = ...)

b) 342 hm² =

c) 2318 km² =

d) 0,0071 hm² =

e) 0,0002 km² =

f) 72813 dm² =

g) 4100 mm² =

h) 0,342 cm² =

i) 0,007 mm² =

C – Sólidos (Volumes)

múltiplos do m³			Unidade	submúltiplos do m³		
quilômetro cúbico	hectômetro cúbico	decâmetro cúbico	metro cúbico	decímetro cúbico	centímetro cúbico	milímetro cúbico
km³	hm³	dam³	m³	dm³	cm³	mm³
1000 000 000 m³	1000 000 m³	1000 m³	1 m³	0,001 m³	0,000 001 m³	0,000 000 001 m³

Vamos considerar:

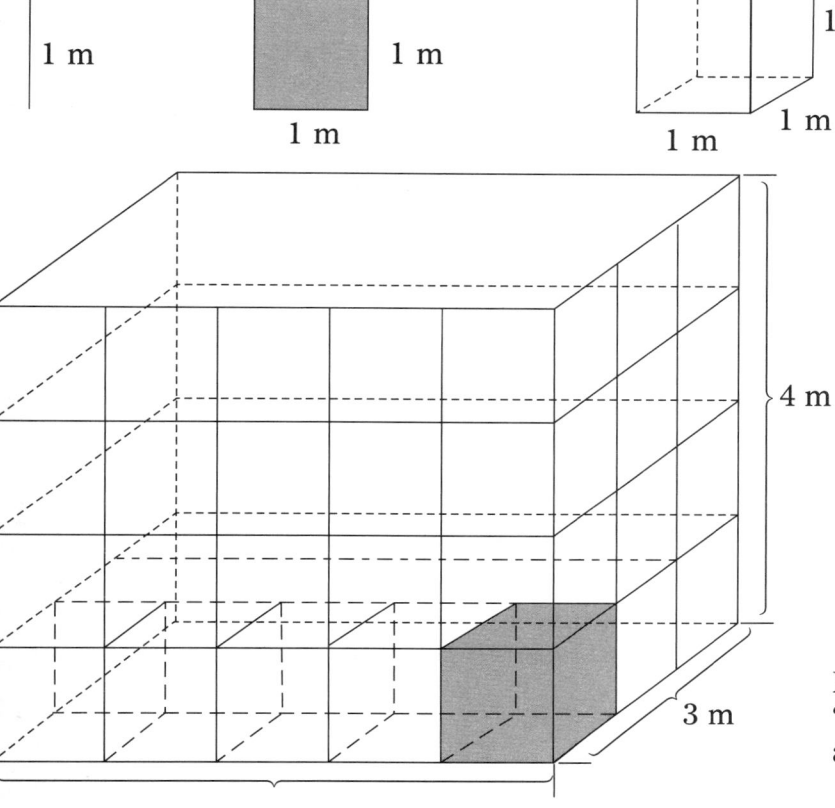

Volume = V

$V = (5\,m)(3\,m)(4\,m)$

$V = 60\,m^3$

Em dm³, temos:

$V = (5m)(3\,m)(4\,m)$

$V = (50\,dm)(30\,dm)(40\,dm)$

$V = 60\,000\,dm^3$

Note que 5 cubos de 1 m³ formam uma "fila" e que 3 "filas" de 5 cubos formam a primeira "camada".

Então na primeira "camada" temos 3 · 5 = 15 cubos de 1m³. Como temos 4 "camadas", o bloco retangular dado tem 4 · 15 = 60 cubos de 1 m³. Então, este sólido tem 60 m³.

Note que:

1) $1m^3 = (1\,m)(1\,m)(1\,m) = (10\,dm)(10\,dm)(10\,dm) = 1000\,dm^3$

2) $1\,dm^3 = (1\,dm)(1\,dm)(1\,dm) = (10\,cm)(10\,cm)(10\,cm) = 1000\,cm^3$

3) $1\,cm^3 = (1\,cm)^3 = (10\,mm)^3 = 1000\,mm^3$

4) $1\,dam^3 = (1\,dam)^3 = (10\,m)^3 = 1000\,m^3$

5) $1\,hm^3 = (1\,hm)^3 = (100\,m)^3 = 1000\,000\,m^3 = 10^6\,m^3$

Resp: **161** a) 100 ; 100 ; 100   b) 100 ; 100 ; 100   c) 10 000 ; 10 000 ; 10 000   d) 10 000 ; 10 000 ; 1000 000

e) 1000 000 ; 1000 000 ; 1000 000   **162** a) 0,01 ; 0,01 ; 0,01   b) 0,01 ; 0,01 ; 0,0001   c) 0,0001 ; 0,0001 ; 0,0001

d) 0,000 001 ; 0,000 001 ; 0,000 001

163 a) 10^6 ; 10^4 ; 10^6 b) 10^8 ; 10^8 ; 10^{10} c) 10^6 ; 10^4 ; 10^8 d) 10^6 ; 10^{12} ; 10^4

Exemplos:

1) $1 \text{ km}^3 = (1 \text{ km})^3 = (1000 \text{ m})^3 = (10^3 \text{ m})^3 = 10^9 \text{ m}^3 = 1\,000\,000\,000 \text{ m}^3$

2) $1 \text{ hm}^3 = (1 \text{ hm})^3 = (100 \text{ m})^3 = (100 \cdot 100 \text{ cm})^3 = (10^4 \text{ cm})^3 = 10^{12} \text{ cm}^3$

3) $1000 \text{ dm}^3 = 1 \text{ m}^3 \Longrightarrow 1000 \,(1 \text{ dm}^3) = 1 \text{m}^3 \Longrightarrow 1 \text{ dm}^3 = \dfrac{1}{1000} \text{m}^3 \Longrightarrow 1 \text{ dm}^3 = 0{,}001 \text{ cm}^3$ ou
$1 \text{ dm}^3 = \dfrac{1}{10^3} \text{m}^3 \Longrightarrow 1 \text{ dm}^3 = 10^{-3} \text{ m}^3$

Da mesma forma:

4) $1 \text{ mm}^3 = 0{,}001 \text{ cm}^3$ ou $1 \text{ mm}^3 = 10^{-3} \text{ cm}^3$

5) $1 \text{ cm}^3 = 0{,}001 \text{ dm}^3$ ou $1 \text{ cm}^3 = 10^{-3} \text{ dm}^3$

6) $1 \text{ hm}^3 = 0{,}001 \text{ km}^3$ ou $1 \text{ hm}^3 = 10^{-3} \text{ km}^3$

7) $2345700 \text{ m}^3 = 2345{,}7 \text{ dam}^3 = 2{,}3457 \text{ hm}^3 = 0{,}0023457 \text{ km}^3$

8) $0{,}0003518 \text{ km}^3 = 0{,}3518 \text{ hm}^3 = 351{,}8 \text{ dam}^3 = 351800 \text{ m}^3$

168 Completar:

a) $1 \text{ m}^3 = \underline{\qquad} \text{ dm}^3$ | $1 \text{ dm}^3 = \underline{\qquad} \text{ cm}^3$ | $1 \text{ cm}^3 = \underline{\qquad} \text{ mm}^3$

b) $1 \text{ km}^3 = \underline{\qquad} \text{ hm}^3$ | $1 \text{ hm}^3 = \underline{\qquad} \text{ dam}^3$ | $1 \text{ dam}^3 = \underline{\qquad} \text{ m}^3$

c) $1 \text{ m}^3 = \underline{\qquad} \text{ cm}^3$ | $1 \text{ km}^3 = \underline{\qquad} \text{ dam}^3$ | $1 \text{ dm}^3 = \underline{\qquad} \text{ mm}^3$

d) $1 \text{ hm}^3 = \underline{\qquad} \text{ m}^3$ | $1 \text{ dam}^3 = \underline{\qquad} \text{ cm}^3$ | $1 \text{ km}^3 = \underline{\qquad} \text{ m}^3$

169 Completar:

a) $1 \text{ dm}^3 = \underline{\qquad} \text{ m}^3$ | $1 \text{ mm}^3 = \underline{\qquad} \text{ cm}^3$ | $1 \text{ cm}^3 = \underline{\qquad} \text{ dm}^3$

b) $1 \text{ hm}^3 = \underline{\qquad} \text{ km}^3$ | $1 \text{ m}^3 = \underline{\qquad} \text{ dam}^3$ | $1 \text{ dam}^3 = \underline{\qquad} \text{ hm}^3$

c) $1 \text{ cm}^3 = \underline{\qquad} \text{ m}^3$ | $1 \text{ m}^3 = \underline{\qquad} \text{ hm}^3$ | $1 \text{ dam}^3 = \underline{\qquad} \text{ km}^3$

d) $1 \text{ mm}^3 = \underline{\qquad} \text{ dm}^3$ | $1 \text{ dm}^3 = \underline{\qquad} \text{ dam}^3$ | $1 \text{ m}^3 = \underline{\qquad} \text{ km}^3$

170 Completar, usando potência de base 10.

a) $1 \text{ km}^3 = \underline{\qquad} \text{ m}^3$ | $1 \text{ km}^3 = \underline{\qquad} \text{ dm}^3$

b) $1 \text{ hm}^3 = \underline{\qquad} \text{ m}^3$ | $1 \text{ dam}^3 = \underline{\qquad} \text{ cm}^3$

c) $1 \text{ m}^3 = \underline{\qquad} \text{ cm}^3$ | $1 \text{ dm}^3 = \underline{\qquad} \text{ mm}^3$

d) $1 \text{ km}^3 = \underline{\qquad} \text{ cm}^3$ | $1 \text{ km}^3 = \underline{\qquad} \text{ mm}^3$

e) $1 \text{ hm}^3 = \underline{\qquad} \text{ mm}^3$ | $1 \text{ hm}^3 = \underline{\qquad} \text{ cm}^3$

f) $1 \text{ dam}^3 = \underline{\qquad} \text{ dm}^3$ | $1 \text{ dam}^3 = \underline{\qquad} \text{ mm}^3$

g) $1 \text{ m}^3 = \underline{\qquad} \text{ dm}^3$ | $1 \text{ m}^3 = \underline{\qquad} \text{ mm}^3$

171 Completar, usando potência de base 10.

a) 1 m³ = _____ dam³ | 1 cm³ = _____ m³
b) 1 dam³ = _____ km³ | 1 m³ = _____ km³
c) 1 cm³ = _____ dam³ | 1 dm³ = _____ hm³
d) 1 cm³ = _____ km³ | 1 mm³ = _____ dam³

172 Completar:

a) 1,2345 m³ = _____ dm³ = _____ cm³ = _____ mm³

b) 235756 m³ = _____ dam³ = _____ hm³ = _____ km³

c) 71 m³ = _____ cm³ = _____ dam³ = _____ mm³

d) 0,00005 hm³ = _____ dam³ = _____ km³ = _____ m³

e) 6 dm³ = _____ cm³ = _____ hm³ = _____ mm³

173 Deixando a vírgula onde está, multiplicando por uma potência conveniente de base 10, transformar em metros cúbicos as seguintes medidas.

a) 2,91 dam³ =   3,01 km³ =
b) 1,25 dm³ =   5,18 cm³ =
c) 6,18 hm³ =   2,108 mm³ =

174 Expressar em número de metros cúbicos, com apenas um algarismo e não nulo, antes da vírgula, as seguintes medidas:

a) 23410 dam³ = 23410000 m³ = 2,341 · 10⁷ m³ (ou 2,341 · 10⁴ dam³ = 2,341 · 10⁴ · 10³ m³ = ...)

b) 132 hm³ =

c) 1618 km³ =

d) 618 cm³ =

e) 0,0413 dam³ =

f) 0,0021 cm³ =

g) 30100 mm³ =

h) 314 dm³ =

i) 0,00032 mm³ =

Resp: **164** a) 10^{-2} ; 10^{-2} b) 10^{-4} ; 10^{-4} c) 10^{-6} ; 10^{-6} d) 10^{-10} ; 10^{-10} e) 10^{-8} ; 10^{-6}

165 a) 348,97 dm² = 34897 cm² = 3489700 mm²   b) 4798,6 dam = 47,986 hm² = 0,47986 km²
c) 4900 dm² = 490 000 cm² = 49 000 000 mm²   d) 0,2 dam² = 200 000 cm² = 20 m²
e) 0,09 dam² = 90 000 cm² = 0,0009 hm²   f) 70 000 dm² = 0,0007 km² = 7000 000 cm²

166 a) 10^2 ; 10^4 b) 10^6 ; 10^{-4} c) 10^{-2} ; 10^{-6} **167** a) $2,418 \cdot 10^6$ m²   b) $3,42 \cdot 10^6$ m²   c) $2,318 \cdot 10^9$ m²
d) $7,1 \cdot 10$ m²   e) $2 \cdot 10^2$ m²   f) $7,2813 \cdot 10^2$ m²   g) $4,1 \cdot 10^{-3}$ m²   h) $3,42 \cdot 10^{-5}$ m²   i) $7 \cdot 10^{-9}$ m²

175 Transformar em m, m² ou m³, conforme for o caso, com apenas um algarismo e não nulo, antes da vírgula, as seguintes medidas:

a) $351,3 \cdot 10^8$ cm =

b) $0,00025 \cdot 10^{-3}$ dam² =

c) $125 \cdot 10^{15}$ mm³ =

d) $0,000075 \cdot 10^{-3}$ km² =

e) $0,0031 \cdot 10^{-8}$ km =

f) $0,021 \cdot 10^{-5}$ hm³ =

g) $52300 \cdot 10^7$ cm² =

h) $570000 \cdot 10^{-7}$ km³ =

176 Obtenha os resultados em m, m² ou m³, conforme for o caso:

a) 3454 mm + 0,0318 dam + 0,03 hm

b) 0,00512 hm² + 327000 cm²

c) 32445 dm³ + 0,000019675 hm³

d) 2143,2 cm + 0,0784 hm − 5480 mm

e) $300,56 \cdot 10^{-7}$ km² − $0,1937 \cdot 10^8$ mm²

f) $0,001804 \cdot 10^{10}$ cm³ − $1980 \cdot 10^{-12}$ km³

g) $3142 \cdot 10^{11}$ mm² + $5,8 \cdot 10^2$ hm² + $0,4138 \cdot 10^{13}$ dm²

Resumo das transformações de unidades

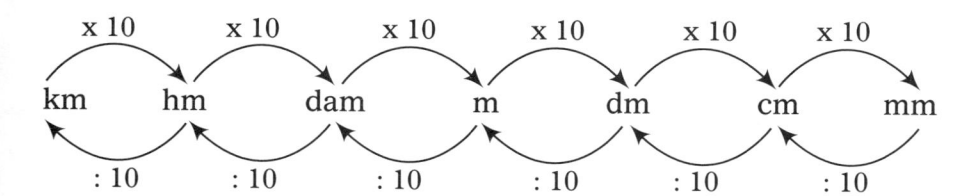

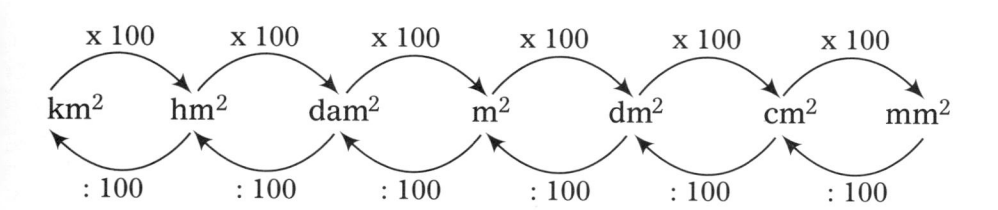

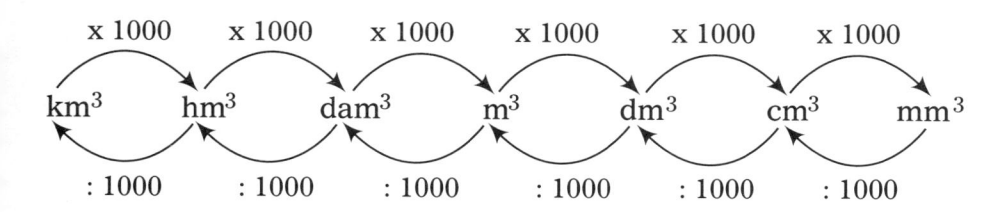

```
   x10      x10      x10      x10      x10      x10
  ┌──→    ┌──→    ┌──→    ┌──→    ┌──→    ┌──→
 km    hm    dam     m     dm     cm     mm
  ←──┘    ←──┘    ←──┘    ←──┘    ←──┘    ←──┘
   :10      :10      :10      :10      :10      :10
```

```
   x100     x100     x100     x100     x100     x100
 km²    hm²   dam²    m²    dm²    cm²    mm²
   :100     :100     :100     :100     :100     :100
```

```
  x1000    x1000    x1000    x1000    x1000    x1000
 km³    hm³   dam³    m³    dm³    cm³    mm³
   :1000    :1000    :1000    :1000    :1000    :1000
```

Mais múltiplos e submúltiplos do metro

megametro (Mm): 1 Mm = 10^6 m

gigametro (Gm): 1 Gm = 10^9 m

Terametro (Tm): 1 Tm = 10^{12} m

micrometro (μm): 1 μm = 10^{-6} m

nanometro (nm) = 1 nm = 10^{-9} m

picometro (pm) = 1 pm = 10^{-12} m

Resp: **168** a) 1000 ; 1000 ; 1000   b) 1000 ; 1000 ; 1000   c) 1 000 000 ; 1 000 000 ; 1 000 000

d) 1 000 000 ; 1 000 000 000 ; 1 000 000 000   **169** a) 0,001 ; 0,001 ; 0,001   b) 0,001 ; 0,001 ; 0,001

c) 0,000 001 ; 0,000 001 ; 0,000 001   d) 0,000 001 ; 0,000 001 ; 0,000 000 001

170 a) 10^9 ; 10^{12} b) 10^6 ; 10^9 c) 10^6 ; 10^6 d) 10^{15} ; 10^{18} e) 10^{15} ; 10^{12} f) 10^6 ; 10^{12} g) 10^3 ; 10^9

171 a) 10^{-3} ; 10^{-6} b) 10^{-6} ; 10^{-9} c) 10^{-9} ; 10^{-9} d) 10^{-15} ; 10^{-12}

172 a) 1234,5 dm³ = 1234500 cm³ = 1234500 000 mm³   b) 235,756 dam³ = 0,235756 hm³ = 0,000 235 756 km³

c) 71 000 000 cm³ = 0,071 dam³ = 71 000 000 000 mm³   d) 0,05 dam³ = 0,000 000 05 km³ = 50 m³

e) 6000 cm³ = 0,000 000 006 hm³ = 6000 000 mm³   **173** a) $2,91 \cdot 10^3$ m³ ; $3,01 \cdot 10^9$ m³   b) $1,25 \cdot 10^{-3}$ m³ ; $5,18 \cdot 10^{-6}$ m³

c) $6,18 \cdot 10^6$ m³ ; $2,108 \cdot 10^{-9}$ m³   **174** a) $2,341 \cdot 10^7$ m³   b) $1,32 \cdot 10^8$ m³   c) $1,618 \cdot 10^{12}$ m³   d) $6,18 \cdot 10^{-4}$ m³

e) $4,13 \cdot 10$ m³   f) $2,1 \cdot 10^{-9}$ m³   g) $3,01 \cdot 10^{-5}$ m³   h) $3,14 \cdot 10^{-1}$ m³   i) $3,2 \cdot 10^{-13}$ m³

175 a) $3,513 \cdot 10^8$ m   b) $2,5 \cdot 10^{-5}$ m   c) $1,25 \cdot 10^8$ m³   d) $7,5 \cdot 10^{-2}$ m²   e) $3,1 \cdot 10^{-8}$ m   f) $2,1 \cdot 10^{-1}$ m³

g) $5,23 \cdot 10^7$ m²   h) $5,7 \cdot 10^7$ m³   **176** a) 6,772 m   b) 83,9 m²   c) 52,12 m³   d) 23,792 m

e) 10,686 m²   f) 16,06 m³   g) $4,17 \cdot 10^{10}$ m²

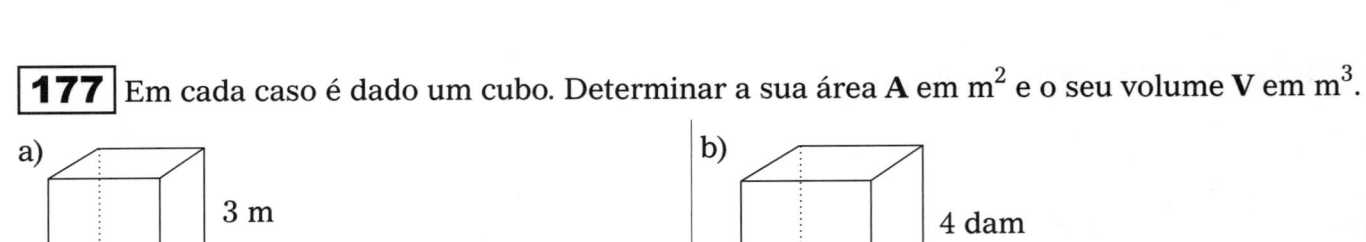

177 Em cada caso é dado um cubo. Determinar a sua área **A** em m² e o seu volume **V** em m³.

a) 3 m

b) 4 dam

c) 5 dm

d) 6 cm

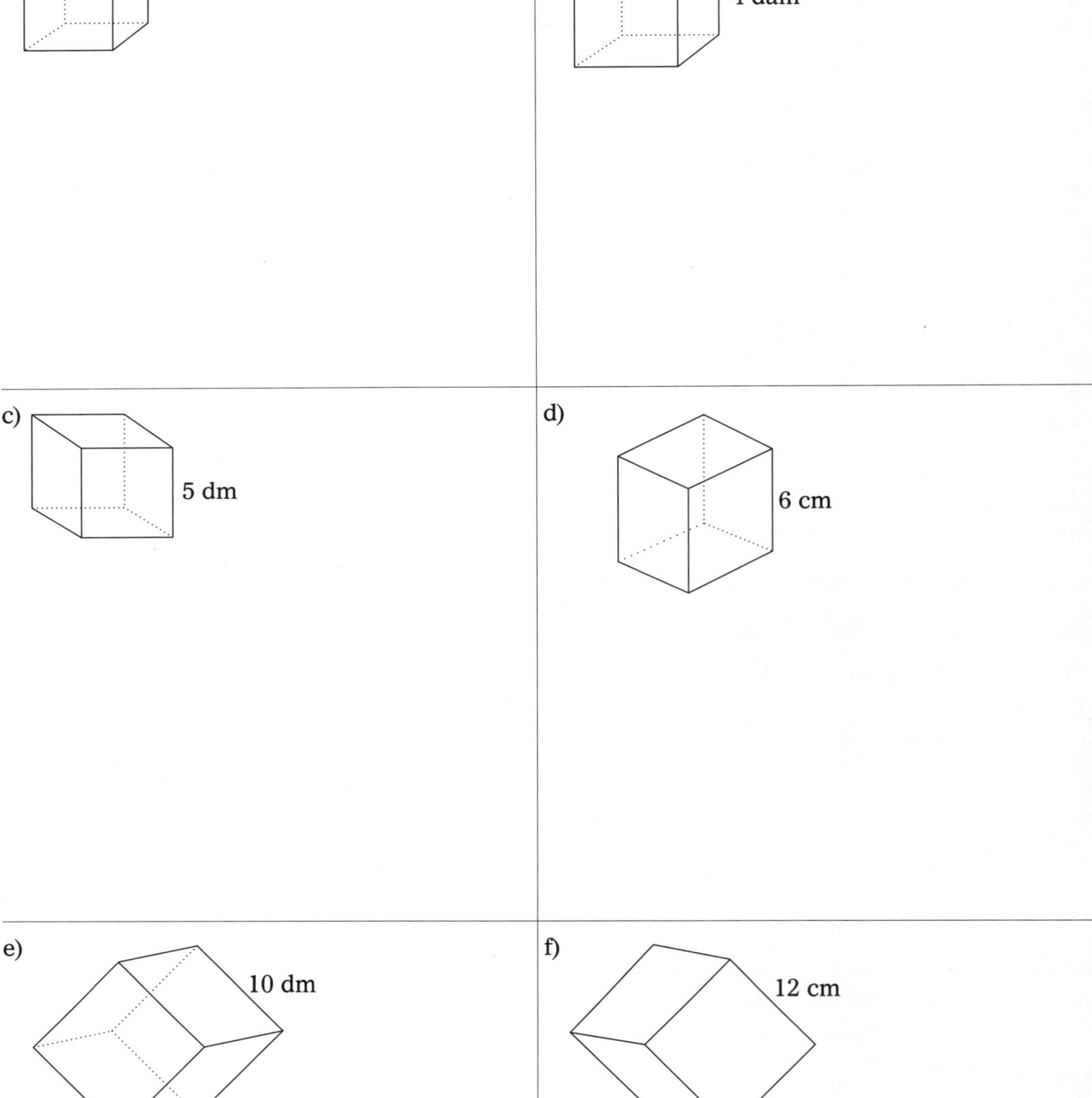

e) 10 dm

f) 12 cm

178 Em cada caso é dada a área **F** de uma face de um cubo. Determinar o volume do cubo em **m³**.

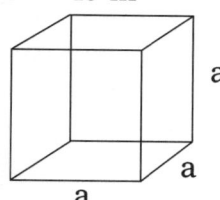

a) F = 49 m²

b) F = 640 000 cm²

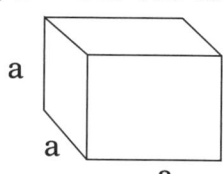

179 Em cada caso é dado a área **A** de um cubo. Determinar o seu volume em **m³**.

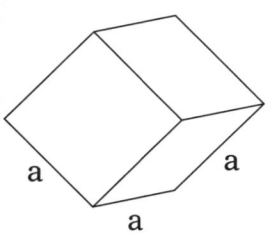

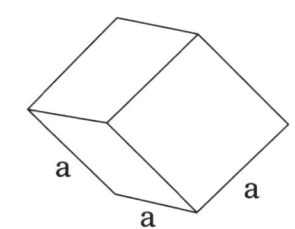

a) A = 4,86 dam²

b) A = 0,0096 hm²

180 Em cada caso é dado o volume de um cubo. Determinar a sua área em **m²**.

a) V = 125 000 000 000 mm³

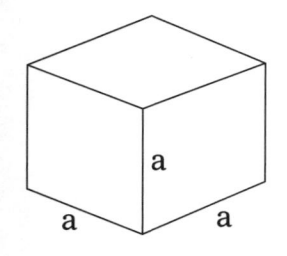

b) V = 0,000 000 216 km³

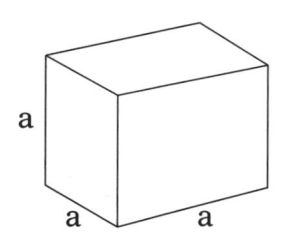

181 Determinar o volume em **m³** e a área em **m²** do paralelepípedo retângulo dado, nos casos:

a) 5 m, 3 m, 4 m

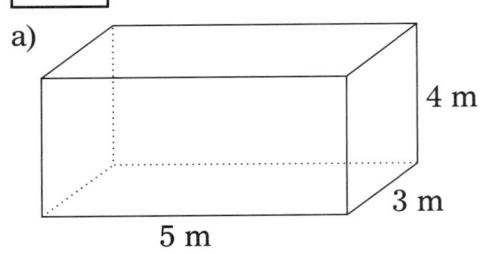

b) 4 dm, 5 dm, 10 dm

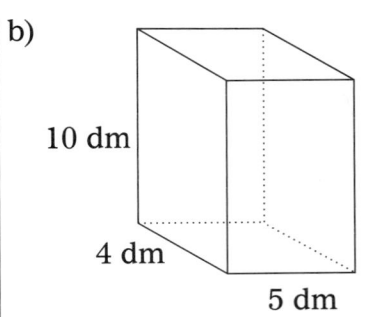

c) 15 cm, 24 cm, 10 cm

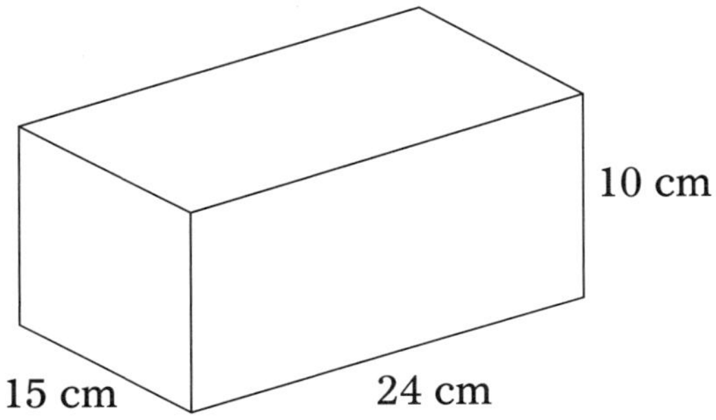

d) 5 dam, 5 dam, 8 dam

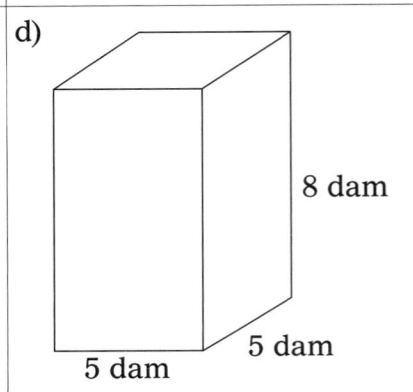

182 Resolver:

a) Uma face de um paralelepípedo retângulo tem 4 m e 2 m de dimensões. Se a maior face dele tem 20 m² de área, qual é o seu volume?

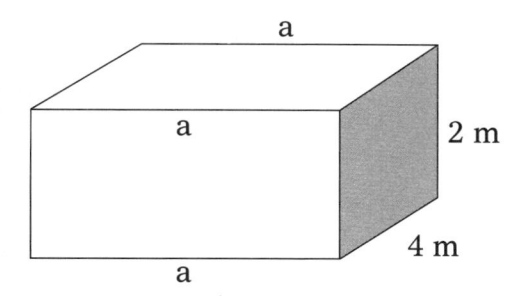

b) Duas faces de um paralelepípedo retângulo são quadrados de 25 m² de área (cada uma). Se ele tem 250 m² de área, qual é o seu volume? Este sólido é também um prisma quadrangular regular.

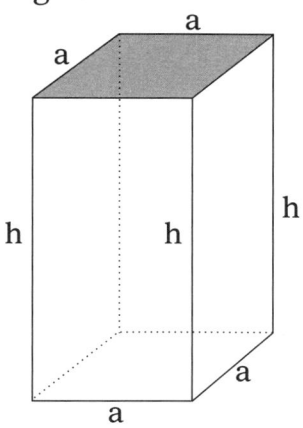

c) 3 m e 4 m, são duas das dimensões de um bloco retangular. Se ele 0,084 dam³, qual é a sua área?

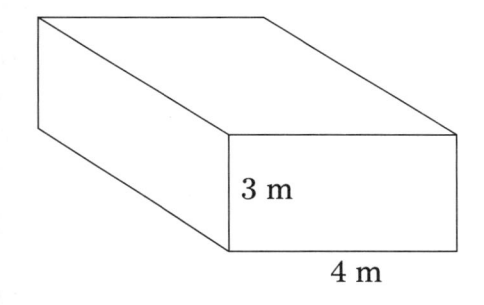

d) 4 m e 5 m são duas das dimensões de um ortoedro. Se ele tem 76 m² de área, qual é o seu volume?

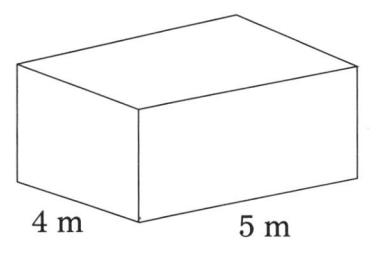

Resp: **177** a) 54 m² , 27 m³   b) 9600 m² , 64000 m³   c) 1,50 m² ; 0,125 m³   d) 0,0216 m² ; 0,000216 m³
e) 6 m² , 1 m³   f) 0,0864 m² ; 0,001728 m³   **178** a) 343 m³   b) 512 m³
179 a) 729 m³   b) 64 m³   **180** a) 150 m²   b) 216 m²

101

183 Na figura (I) temos um sólido formado pela união de dois cubos, soldados um ao outro. Determinar o volume e a área deste sólido.

Obs: A área de um sólido é igual à área de toda a sua superfície.

Note que a face do pequeno soldada ao outro não é parte da superfície do sólido.

Qual é o volume e a área do sólido da figura (II). São também cubos

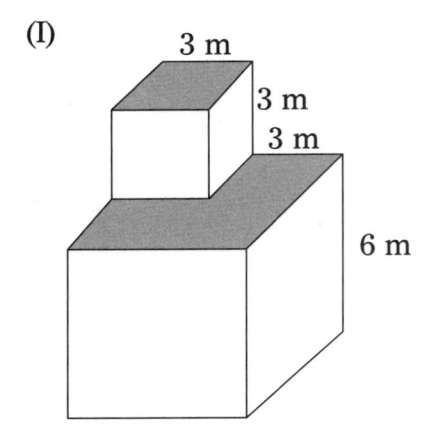

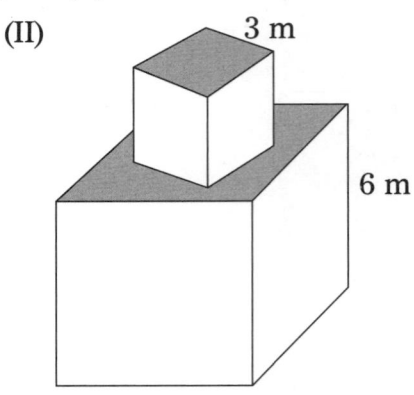

(I) 3 m, 3 m, 3 m, 6 m

(II) 3 m, 6 m

184 O sólido abaixo é a união de dois cubos com um paralelepípedo retângulo, soldados um ao outro, como mostra figura. Determinar em m^2 e m^3 a área e o volume deste sólido.

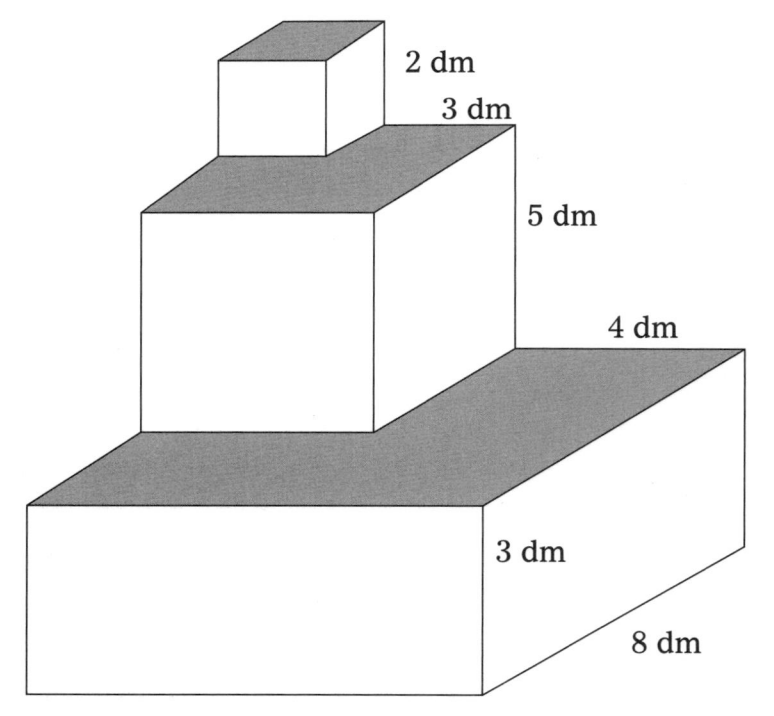

2 dm
3 dm
5 dm
4 dm
3 dm
8 dm

185 Considere um paralelepípedo de dimensões 10 cm, 20 cm e 40 cm. Em cada uma de suas faces, externos a ele, estão acoplados cubos de aresta 4 cm. Determinar o volume e a área do sólido obtido desta forma.

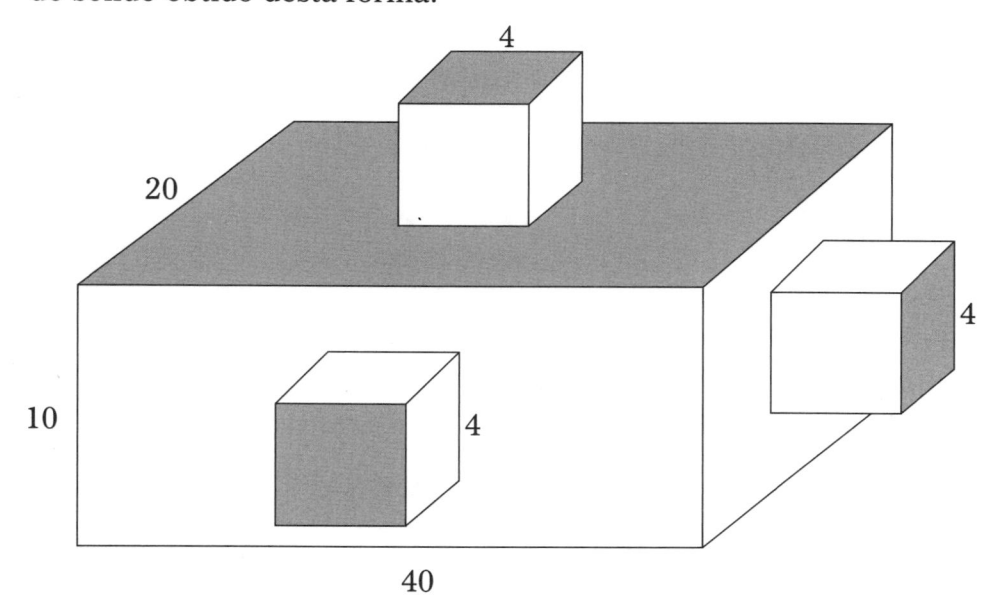

Resp: **181** a) 94 m² , 60 m³   b) 2,20 m² ; 0,2m³   c) 0,15 m² 0,0036 m³   d) 21000 m² ; 200 000 m³

182 a) 40 m³   b) 250 m³   c) 122 m²   d) 40 m³   **183** a) 252 m² ; 243 m³

184 3,62 m² ; 0,349 m³   **185** 8384 cm³ ; 3184 cm²

186 (UFRGS 2019) Na figura a seguir, está representado um cubo cuja aresta tem 2 cm de medida. O ponto P está localizado no centro da face EFGH.

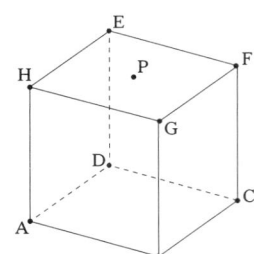

A medida do segmento $\overline{AP}$ é

a) $\sqrt{2}$.   b) 2.   c) $\sqrt{6}$.   d) $2\sqrt{3}$.   e) 3.

187 (UPF 2019) Na figura abaixo, está representado um cubo.

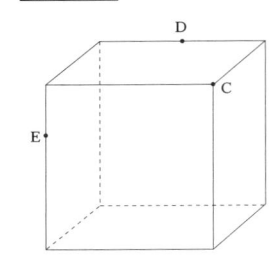

A seção produzida no cubo pelo plano CDE tem a forma de

a) triângulo.   b) trapézio.   c) retângulo.   d) pentágono.   e) hexágono.

188 (UECE 2019) José reuniu alguns cubinhos brancos unitários (a medida da aresta de cada um deles é igual a 1 cm formando um cubo maior, e, em seguida, pintou esse cubo de vermelho. Ao "desmontar" o cubo maior, verificou que tinha 80 cubinhos com mais de uma face pintada de vermelho. Nestas condições, pode-se afirmar corretamente que a medida, em centímetros, da aresta do cubo maior é

a) 7.   b) 8.   c) 6.   d) 9.

189 (G1 - cftrj 2019) No bloco retangular mostrado na figura a seguir, as faces ABCD e EFGH são quadrados iguais e as demais faces são retângulos iguais.

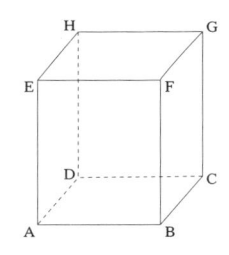

Cada quadrado tem perímetro 1 600 cm e cada retângulo tem um dos lados medindo 7 cm

a) Qual a distância, em metros, do ponto A ao ponto G?

b) Qual o volume, em litros, do bloco retangular?

190 (G1 - epcar (CPCAR) 2019) Um baú em forma de paralelepípedo reto retângulo pesa 20 kg e tem como medidas externas 50 cm de altura e 3 dm por 400 mm de base.

O baú contém uma substância homogênea que pesa 1,5 kg por litro e que ocupa o espaço correspondente a 90% do volume de um paralelepípedo reto retângulo de espessura desprezível e que possui as dimensões externas do baú.

Se o peso total do baú e da substância, em kg, é igual a x, então, pode-se dizer que x é um número natural

a) par menor que 100.   b) ímpar menor que 100.   c) primo.   d) divisível por 7 e maior que 100.

191 (UECE 2019) A medida, em metros, de qualquer diagonal de um cubo cuja medida da aresta é 5m é

a) $5\sqrt{2}$.   b) $7\sqrt{2}$.   c) $5\sqrt{3}$.   d) $7\sqrt{3}$.

192 (FUVEST 2019) A figura mostra uma escada maciça de quatro degraus, todos eles com formato de um paralelepípedo reto-retângulo. A base de cada degrau é um retângulo de dimensões 20 cm por 50 cm e a diferença de altura entre o piso e o primeiro degrau e entre os degraus consecutivos é de 10 cm.

Se essa escada for prolongada para ter 20 degraus, mantendo o mesmo padrão, seu volume será igual a

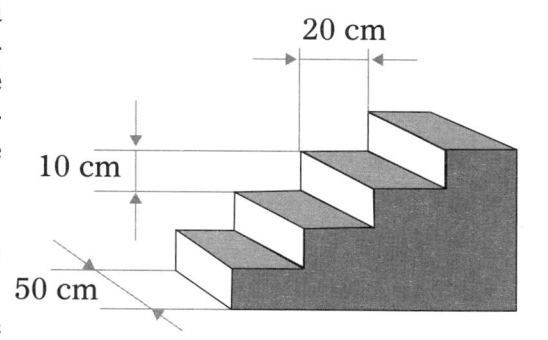

a) 2,1 m³   b) 2,3 m³   c) 3,0 m³   d) 4,2 m³   e) 6,0 m³

193 (UNICAMP 2019) Considere um paralelepípedo retângulo, cujas arestas têm comprimento 6 cm, 8 cm e 10 cm e um triângulo cujos vértices são os centros (intersecção das diagonais) de três faces de dimensões distintas, como ilustra a figura a seguir.

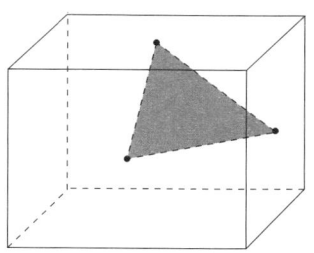

O perímetro P desse triângulo é tal que

a) P < 14 cm.
b) 14 cm < P < 16 cm.
c) 16 cm < P < 18 cm.
d) P > 18 cm.

194 (EFOMM 2019) Duas caixas são cúbicas cada face da primeira caixa tem 3 m² de área, e cada face da segunda caixa tem 9 m² de área. A razão entre o volume da primeira caixa e o volume da segunda é:

a) $3^{\frac{1}{2}}$ b) $3^{\frac{-1}{2}}$ c) $3^{\frac{-3}{2}}$ d) $3^{\frac{3}{2}}$ e) $3^{\frac{-2}{3}}$

195 (UPE-SSA 2 2018) Qual é, aproximadamente, a medida da área do hexágono regular obtido ao seccionarmos um cubo de aresta 4 cm por um plano que contém os pontos médios de seis arestas, opostas duas a duas, conforme apresentado na figura ao lado? Utilize $\sqrt{3} \cong 1,7$

a) 5 cm²
b) 10 cm²
c) 20 cm²
d) 25 cm²
e) 45 cm²

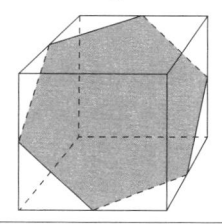

196 (UEFS 2018) Um cubo de isopor foi cortado em dois paralelepípedos reto-retângulos congruentes, cada um com área total igual a 144 cm². A medida da aresta desse cubo é

a) 6 cm.   b) 8 cm.   c) 12 cm.   d) 18 cm.   e) 24 cm.

197 (PUCRJ 2018) Uma caixa de chocolate, com a forma de um paralelepípedo, tem dimensões 4 cm x 4 cm x 16 cm. Quantos cm² de papel são necessários para cobrir completamente essa caixa?

a) 256   b) 272   c) 288   d) 304   e) 320

198 (Upe-ssa 2 2018) Na figura representada a seguir, em que o segmento GP mede 6 cm e o ângulo APH tem tangente igual a $\frac{\sqrt{2}}{3}$, qual é o volume do cubo ABCDEFGH?

a) 6 cm³
b) 8 cm³
c) 27 cm³
d) 64 cm³
e) 125 cm³

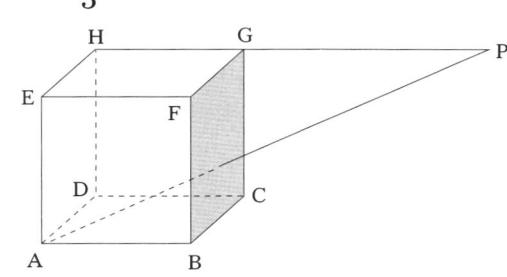

199 (G1 - IFPE 2018) Podemos calcular o volume de uma caixa retangular, de dimensões a, b e c fazendo V = a·b·c.

Sabendo que 1mL = 1 cm³, calcule, em litros, o volume de água necessária para encher um tanque retangular de largura a = 80 cm, profundidade b = 40 cm e altura c = 60 cm.

a) 1.920 L   b) 192 L.   c) 19,2 L   d) 19.200 L.   e) 192.000 L.

200 (ENEM PPL 2018) Uma fábrica comercializa chocolates em uma caixa de madeira, como na figura.

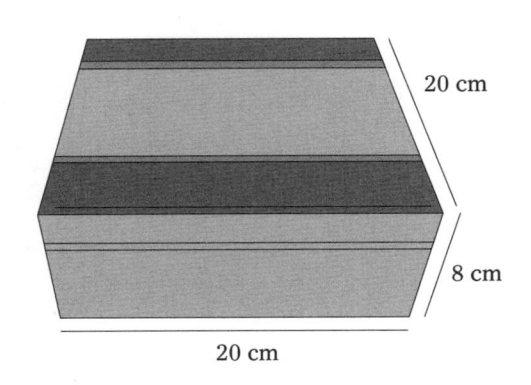

A caixa de madeira tem a forma de um paralelepípedo reto-retângulo cujas dimensões externas, em centímetro, estão indicadas na figura. Sabe-se também que a espessura da madeira, em todas as suas faces, é de 0,5 cm.

Qual é o volume de madeira utilizado, em centímetro cúbico, na construção de uma caixa de madeira como a descrita para embalar os chocolates?

a) 654.   b) 666.   c) 673.   d) 681.   e) 693.

201 (MACKENZIE 2012) O número mínimo de cubos de mesmo volume e dimensões inteiras, que preenchem completamente o paralelepípedo retângulo da figura, é

a) 64   b) 90   c) 48
d) 125   e) 100

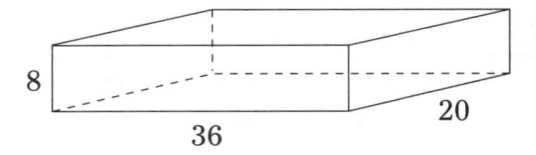

202 (PUCRS 2017) Muitos prédios que estão sendo construídos em nossa cidade possuem caixas d'água com a forma de um paralelepípedo. Um construtor quer adquirir duas delas que tenham internamente a mesma altura, mas diferindo na base, que deverá ser quadrada em ambas. A primeira deverá ter capacidade para 16 000 litros, e a segunda para 25 000 litros. A razão entre a medida do lado da base da primeira e a da segunda, em decímetros, é

a) 0,08   b) 0,60   c) 0,75   d) 0,80   e) 1,25

203 (ESPM 2017) Em volta do paralelepípedo reto-retângulo mostrado na figura abaixo será esticada uma corda do vértice A ao vértice E passando pelos pontos B, C e D.

De acordo com as medidas dadas, o menor comprimento que essa corda poderá ter é igual a:

a) 15   b) 13   c) 16   d) 14   e) 17

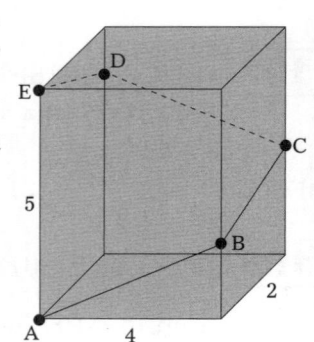

204 (UNICAMP 2017) Um paralelepípedo retângulo tem faces de áreas 2 cm², 3 cm² e 4 cm². O volume desse paralelepípedo é igual a

a) $2\sqrt{3}$ cm³.   b) $2\sqrt{6}$ cm³.   c) 24 cm³.   d) 12 cm³.

106

205 (UPE-SSA 2 2017) Um sólido foi construído removendo-se um cubo menor de um cubo maior, como mostra a figura a seguir. Se a diferença entre as medidas das arestas dos dois cubos é de 4 cm e a medida do volume do sólido é 208 cm³, qual a medida da área lateral da superfície do sólido?

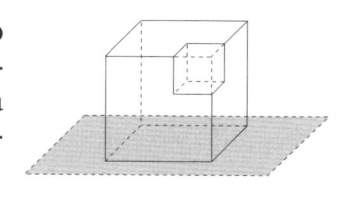

a) 136 cm²   b) 144 cm²   c) 160 cm²   d) 204 cm²   e) 216 cm²

206 (Enem 2012) Alguns objetos, durante a sua fabricação, necessitam passar por um processo de resfriamento. Para que isso ocorra, uma fábrica utiliza um tanque de resfriamento, como mostrado na figura. O que aconteceria com o nível da água se colocássemos no tanque um objeto cujo volume fosse de 2 400 cm³?

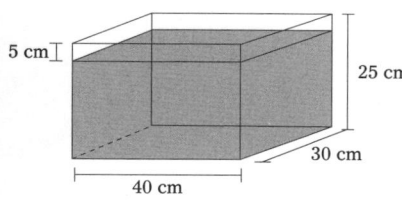

a) O nível subiria 0,2 cm, fazendo a água ficar com 20,2 cm de altura.
b) O nível subiria 1 cm, fazendo a água ficar com 21 cm de altura.
c) O nível subiria 2 cm, fazendo a água ficar com 22 cm de altura.
d) O nível subiria 8 cm, fazendo a água transbordar.
e) O nível subiria 20 cm, fazendo a água transbordar.

207 (Enem 2014) Um fazendeiro tem um depósito para armazenar leite formado por duas partes cúbicas que se comunicam, como indicado na figura. A aresta da parte cúbica de baixo tem medida igual ao dobro da medida da aresta da parte cúbica de cima. A torneira utilizada para encher o depósito tem vazão constante e levou 8 minutos para encher metade da parte de baixo.

Quantos minutos essa torneira levará para encher completamente o restante do depósito?

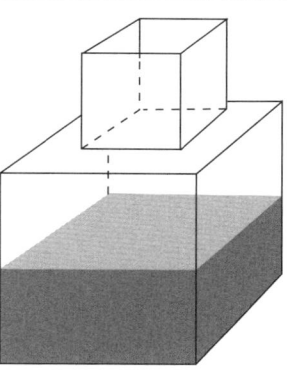

a) 8.   b) 10.   c) 16.   d) 18.   e) 24.

208 (Enem 2010) Uma fábrica produz barras de chocolates no formato de paralelepípedos e de cubos, com o mesmo volume. As arestas da barra de chocolate no formato de paralelepípedo medem 3 cm de largura, 18 cm de comprimento e 4 cm de espessura.

Analisando as características das figuras geométricas descritas, a medida das arestas dos chocolates que têm o formato de cubo é igual a

a) 5 cm.   b) 6 cm.   c) 12 cm.   d) 24 cm.   e) 25 cm.

209 (Enem 2014) Conforme regulamento da Agência Nacional de Aviação Civil (Anac), o passageiro que embarcar em voo doméstico poderá transportar bagagem de mão, contudo a soma das dimensões da bagagem (altura + comprimento + largura) não pode ser superior a 115 cm.

A figura mostra a planificação de uma caixa que tem a forma de um paralelepípedo retângulo.

O maior valor possível para x, em centímetros, para que a caixa permaneça dentro dos padrões permitidos pela Anac é

a) 25.   b) 33.   c) 42.   d) 45.   e) 49.

Resp: 186 C 187 B 188 B 189 a) 9 m b) 112 000 litros 190 C 191 C 192 A 193 C
194 C 195 C 196 A 197 C 198 C 199 B 200 C 201 B 202 D
203 B 204 B 205 B 206 C 207 B 208 B 209 E

VIII POLÍGONOS REGULARES

Definição: Um polígono convexo é regular quando os seus lados são congruentes entre si e os seus ângulos internos são congruentes entre si.

Os polígonos regulares que serão explorados neste capítulo são os seguintes:

1) Triângulo equilátero

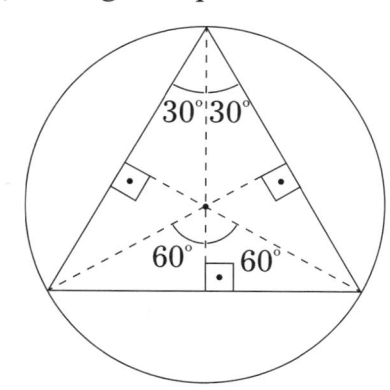

Si = 180° e Ai = 60°

2) Quadrado

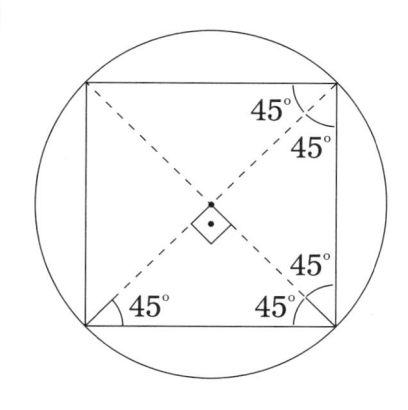

Si = 360° e Ai = 90°

3) Hexágono regular

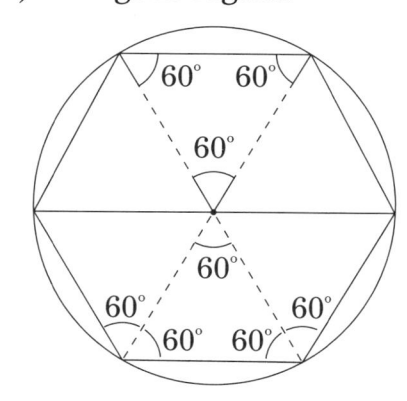

Si = 720° e Ai = 120°

4) Octógono regular (8 lados)

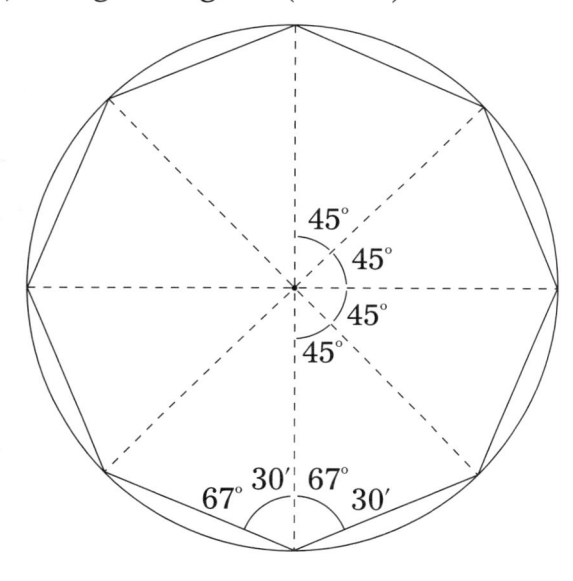

Si = 1080° e Ai = 135°

5) Dodecágono regular (12 lados)

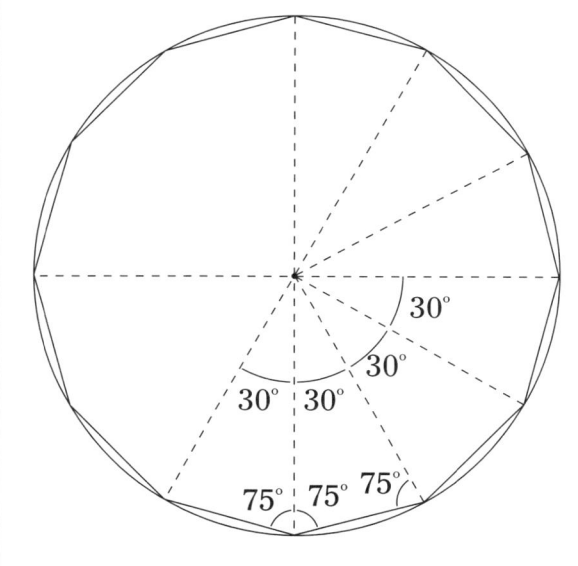

Si = 1800° e Ai = 150°

Obs: Prova-se que em todo polígono regular há uma circunferência inscrita e uma circunferência circunscrita, e elas têm o mesmo centro. Exemplos:

(O incentro e o circuncentro são coincidentes)

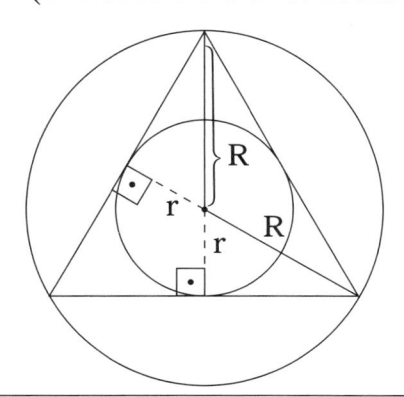

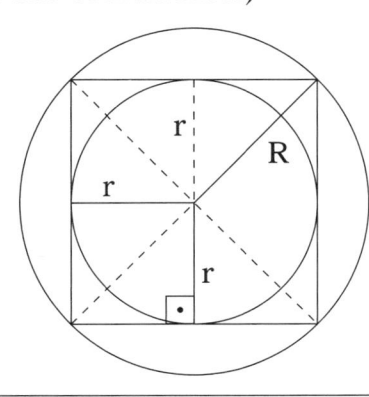

R é o raio da circunferência circunscrita.

r é o raio da circunferência inscrita.

r é também o apótema do polígono.

Exemplo 1: Mostre que, em um triângulo equilátero, R = 2r.

Obs.: Nestes exemplos e nos exercícios seguintes considerar **R** e **r** como os raios, respectivamente, da circunscrita e da inscrita.

1º modo: O centro é também baricentro.	**2º modo**: Semelhança	**3º modo**: Razão trigonométrica
$R = \dfrac{2}{3}h$ e $r = \dfrac{1}{3}h \Rightarrow$ $\boxed{R = 2r}$	$\dfrac{R}{r} = \dfrac{a}{\frac{a}{2}} \Rightarrow \boxed{R = 2r}$	$\operatorname{sen} 30º = \dfrac{r}{R} = \dfrac{1}{2} \Rightarrow \boxed{R = 2r}$

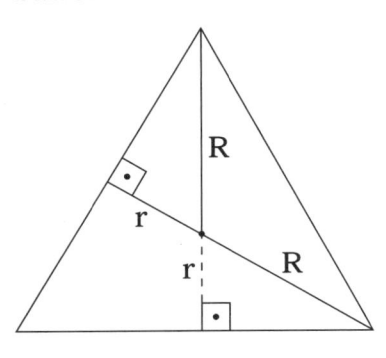

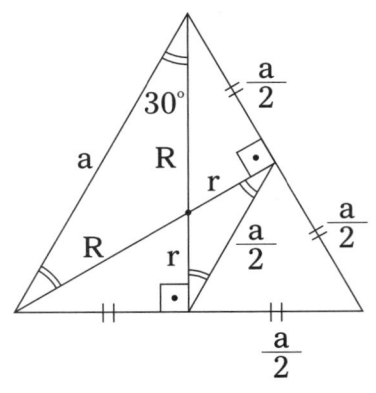

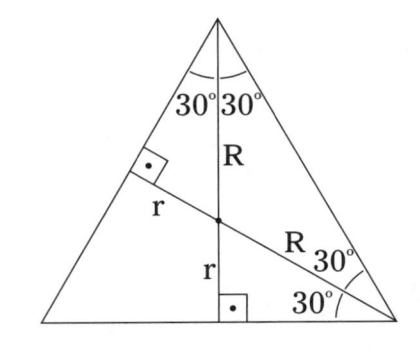

Obs.: Há outro modos.

Exemplo 2: Observar os raios **r** e **R**, nos seguintes polígonos de lado **a**.

1) **Triângulo equilátero**

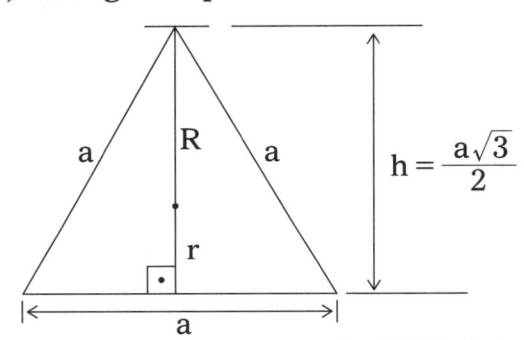

$h = \dfrac{a\sqrt{3}}{2}$

Como $R = 2r$ e $R + r = h$, obtemos:

$R + r = h \Rightarrow 2r + r = h \Rightarrow 3r = h \Rightarrow$

$r = \dfrac{1}{3}h$ e $R = \dfrac{2}{3}h$

Então: **r** = $\dfrac{1}{3}\left(\dfrac{a\sqrt{3}}{2}\right)$ e **R** = $\dfrac{2}{3}\left(\dfrac{a\sqrt{3}}{2}\right)$

2) **Quadrado**

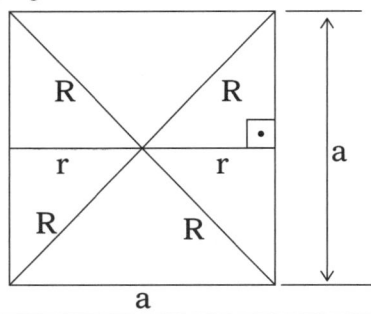

Como $a = 2r$ e $d = 2R$, obtemos:

1) $a = 2r \Rightarrow r = \dfrac{a}{2}$

2) $d = 2R \Rightarrow 2R = d \Rightarrow 2R = a\sqrt{2} \Rightarrow R = \dfrac{a\sqrt{2}}{2}$

Então: **r** = $\dfrac{a}{2}$ e **R** = $\dfrac{a\sqrt{2}}{2}$

3) **Hexágono regular**

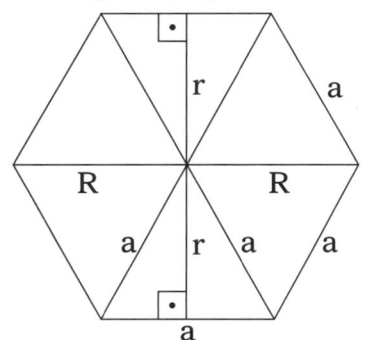

Como o hexágono é a união de 6 triângulos equiláteros de lado **a**, obtemos

1) $R = a$

2) $r = h \Rightarrow r = \dfrac{a\sqrt{3}}{2}$

Então: **R** = a e **r** = $\dfrac{a\sqrt{3}}{2}$

210 Considere um triângulo equilátero de lado **a**, altura **h**, raio da inscrita **r** e raio da circunscrita **R**. Determinar o que se pede:

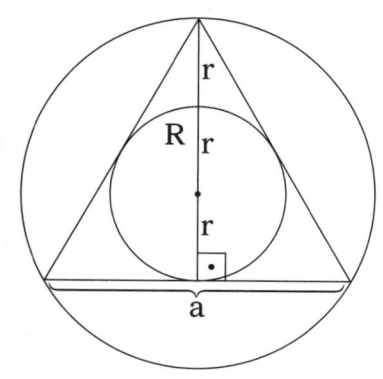

a) Se h = 12, determinar r, R e a.

b) Se a = 6, determinar h, r e R.

211 Considere um quadrado de lado **a**, diagonal **d**, raio da inscrita **r** e raio da circunscrita **R**. Determinar o que se pede:

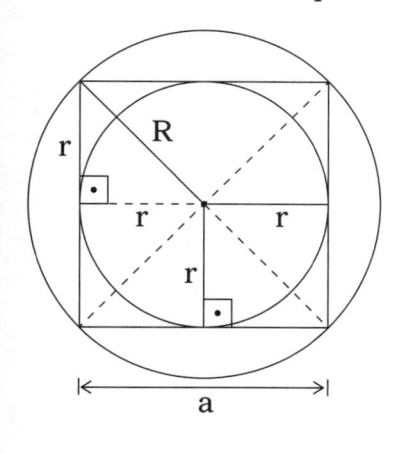

a) Se a = 8, determinar d, r e R.

b) Se d = 12, determinar a, r e R.

212 Considere um hexágono regular de lado **a**, diagonal menor **d**, raio da inscrita **r** e raio da circunscrita **R**. Determinar o que se pede:

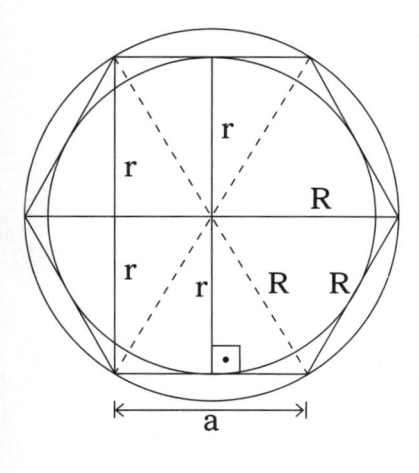

a) Se a = 18, determinar R, r e d.

b) Se d = 12, determinar a, r e R.

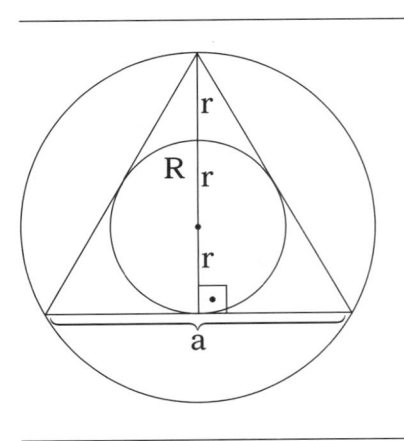

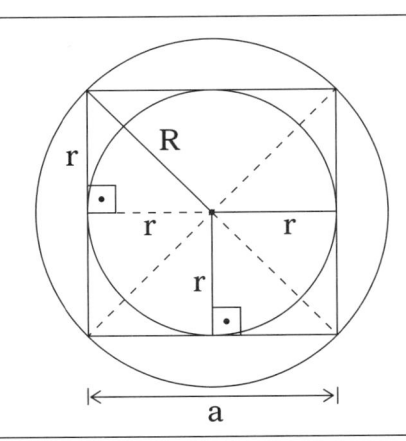

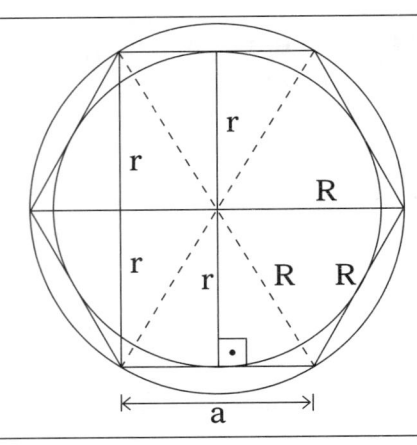

213 Determinar o raio da circunferência circunscrita a um triângulo equilátero, nos casos:

a) A altura mede 21 m.
b) O lado mede 24 m.
c) O apótema mede 5 m.

214 Determinar o raio da circunferência circunscrita a um quadrado, nos casos:

a) A diagonal mede 14 m.
b) O lado mede 14 m.
c) O apótema mede 4 m.

215 Determinar o raio da circunferência circunscrita a um hexágono regular, nos casos:

a) O lado mede 9 m.
b) A diagonal menor mede $12\sqrt{3}$ m.
c) O apótema mede $5\sqrt{3}$ m.

216 Determinar o raio da circunferência inscrita no triângulo equilátero, nos casos:

a) A altura mede 27 m.
b) O lado mede 18 m.
c) O raio da circunscrita mede 16 m.

217 Determinar o raio da circunferência inscrita no quadrado, nos casos:

a) O lado mede 22 m.
b) A diagonal mede 12 m.
c) O raio da circunscrita mede 8 m.

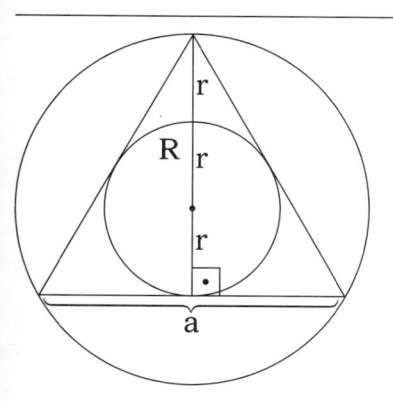

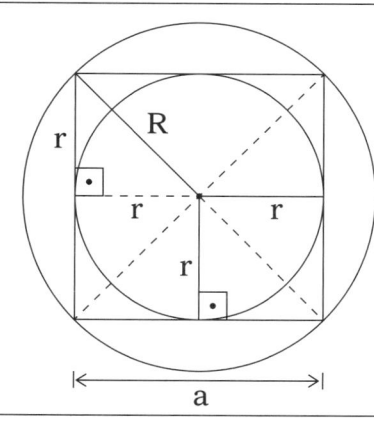

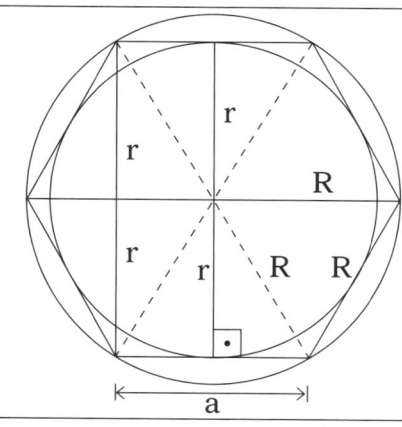

218 Determinar o raio da circunferência inscrita no hexágono regular, nos casos:

a) O lado mede 22 m.

b) A diagonal menor mede 20 m.

c) O raio da circunscrita mede 28 m.

219 Determinar a área do círculo circunscrito a um:

a) Triângulo equilátero de $36\sqrt{3}$ m² de área.

b) Quadrado de 144 m² de área.

c) Hexágono regular de $96\sqrt{3}$ m² de área.

220 Determinar a área do círculo inscrito em um:

a) Triângulo equilátero de $81\sqrt{3}$ m² de área.

b) Quadrado de 256 m² de área.

c) Hexágono regular de $54\sqrt{3}$ m² de área.

Resp: **210** a) $r = 4$, $R = 8$, $a = 8\sqrt{3}$ b) $h = 3\sqrt{3}$, $r = \sqrt{3}$, $R = 2\sqrt{3}$ **211** a) $d = 8\sqrt{2}$, $r = 4$, $R = 4\sqrt{2}$
b) $a = 6\sqrt{2}$, $r = 3\sqrt{2}$, $R = 6$ **212** a) $R = 18$, $r = 9\sqrt{3}$, $d = 18\sqrt{3}$ b) $r = 6$, $a = 4\sqrt{3}$, $R = 4\sqrt{3}$

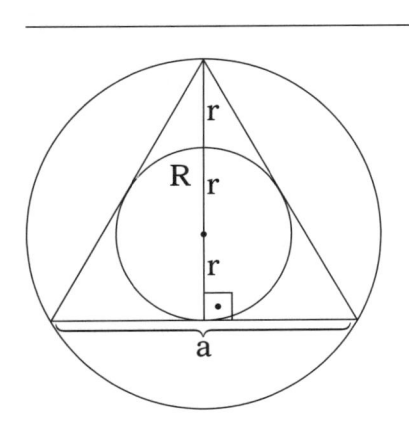

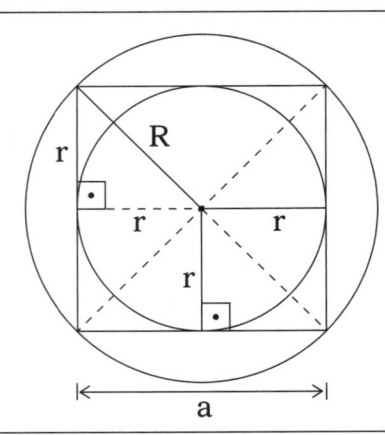

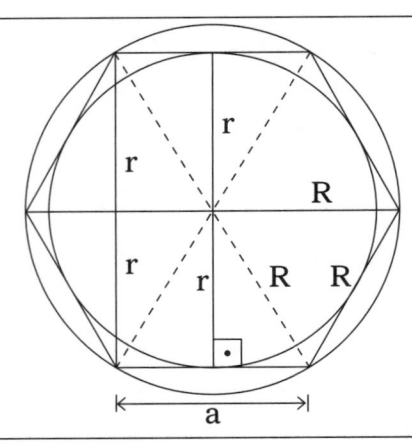

221 Determinar a área do **polígono regular** inscrito em circunferência de comprimento **C** dado (C = 2 πR), nos casos:

a) Triângulo em circunferência de C = 12π m.

b) Quadrado em circunferência C = 10π m.

c) Hexágono em circuferência de C = 16π m.

222 Determinar a área do **polígono regular** circunscrito a um círculo de área A dada (A = πr^2), nos casos:

a) Triângulo circunscrito a círculo com A = 75π m².

b) Quadrilátero circunscrito a círculo com A = 49π m².

c) Hexágono circunscrito a círculo com A = 36π m².

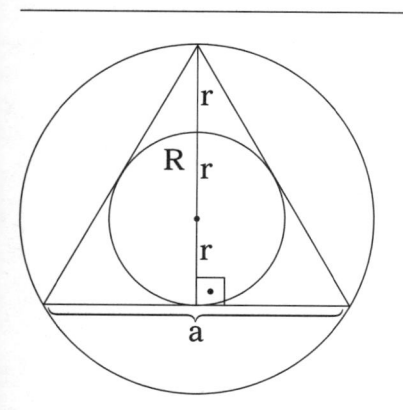

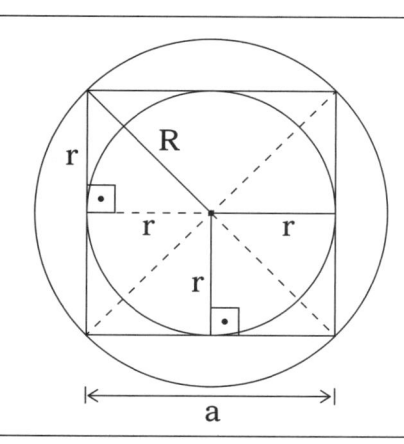

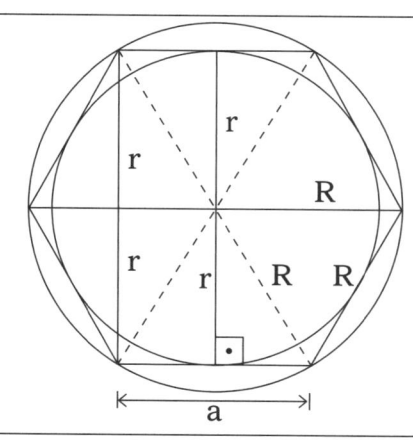

223 Determinar a razão α entre as áreas dos círculos inscrito e circunscrito a um:

a) Triângulo equilátero.
b) Quadrado.
c) Hexágono regular.

224 Na figura temos um octógono regular inscrito em uma circunferência de raio 6 m. Determinar:

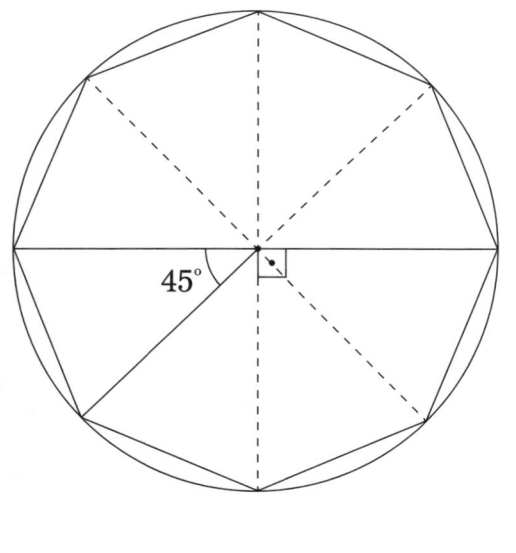

a) A área desse octógono (S)

b) A lado desse octógono (x) (Lei dos cossenos)

c) As suas diagonais a, b e c, com a < b < c

d) O raio da circuferência inscrita neste octógono

Resp: **213** a) 14   b) $8\sqrt{3}$ c) 10   **214** a) 7   b) $7\sqrt{2}$ c) $4\sqrt{2}$ **215** a) 9   b) 12   c) 10

216 a) 9   b) $3\sqrt{3}$ c) 8   **217** a) 11   b) $3\sqrt{2}$ c) $4\sqrt{2}$ **218** a) $11\sqrt{3}$ b) 10   c) $14\sqrt{3}$

219 a) 48π m²   b) 50π m²   c) 64π m²   **220** a) 27π m²   b) 64π m²   c) 27π m²

225 Na figura temos um dodecágono regular inscrito em uma circunferência de raio 12 m. Determinar.

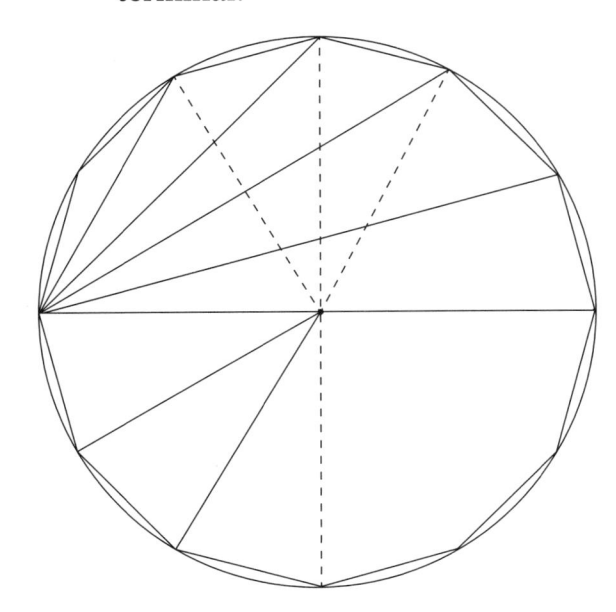

a) A área desse dodecágono

b) O lado desse dodecágono (Lei dos cossenos)

c) As suas diagonais a, b, c, d, e, com a < b < c < d < e

d) O raio da circunferência inscrita neste dodecágono

226 Determinar o lado **a** de um octógono regular em função do raio **R** da cirfunferência circunscrita a ele. Usando o resultado obtido, determinar $\operatorname{sen}\left(\dfrac{45°}{2}\right) = \operatorname{sen}(22° \ 30')$.

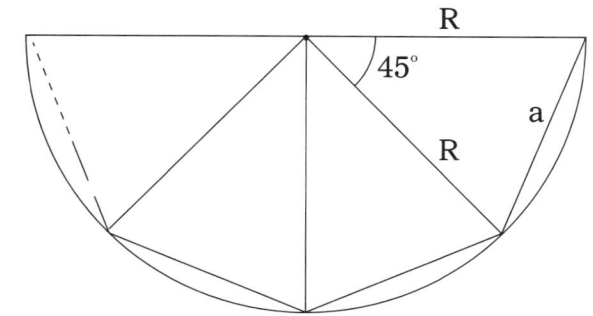

227 Determinar o lado **a** de um dodecágono regular em função do raio **R** da circunferência circunscrita a ele. Usando o resultado obtido, determinar o $\operatorname{sen} 15° = \operatorname{sen}\left(\dfrac{30°}{2}\right)$.

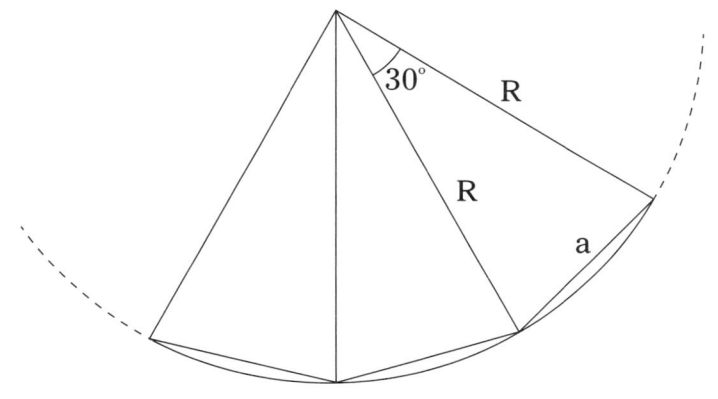

Resp: **221** a) $27\sqrt{3}$ m² b) 50 m² c) $96\sqrt{3}$ m²   **222** a) $225\sqrt{3}$ m² b) 196 m² c) $72\sqrt{3}$ m²
223 a) $\dfrac{1}{4}$ b) $\dfrac{1}{2}$ c) $\dfrac{3}{4}$ **224** a) $72\sqrt{2}$ m² b) $6\sqrt{2-\sqrt{2}}$ c) $6\sqrt{2+\sqrt{2}}$ d) $3\sqrt{2+\sqrt{2}}$

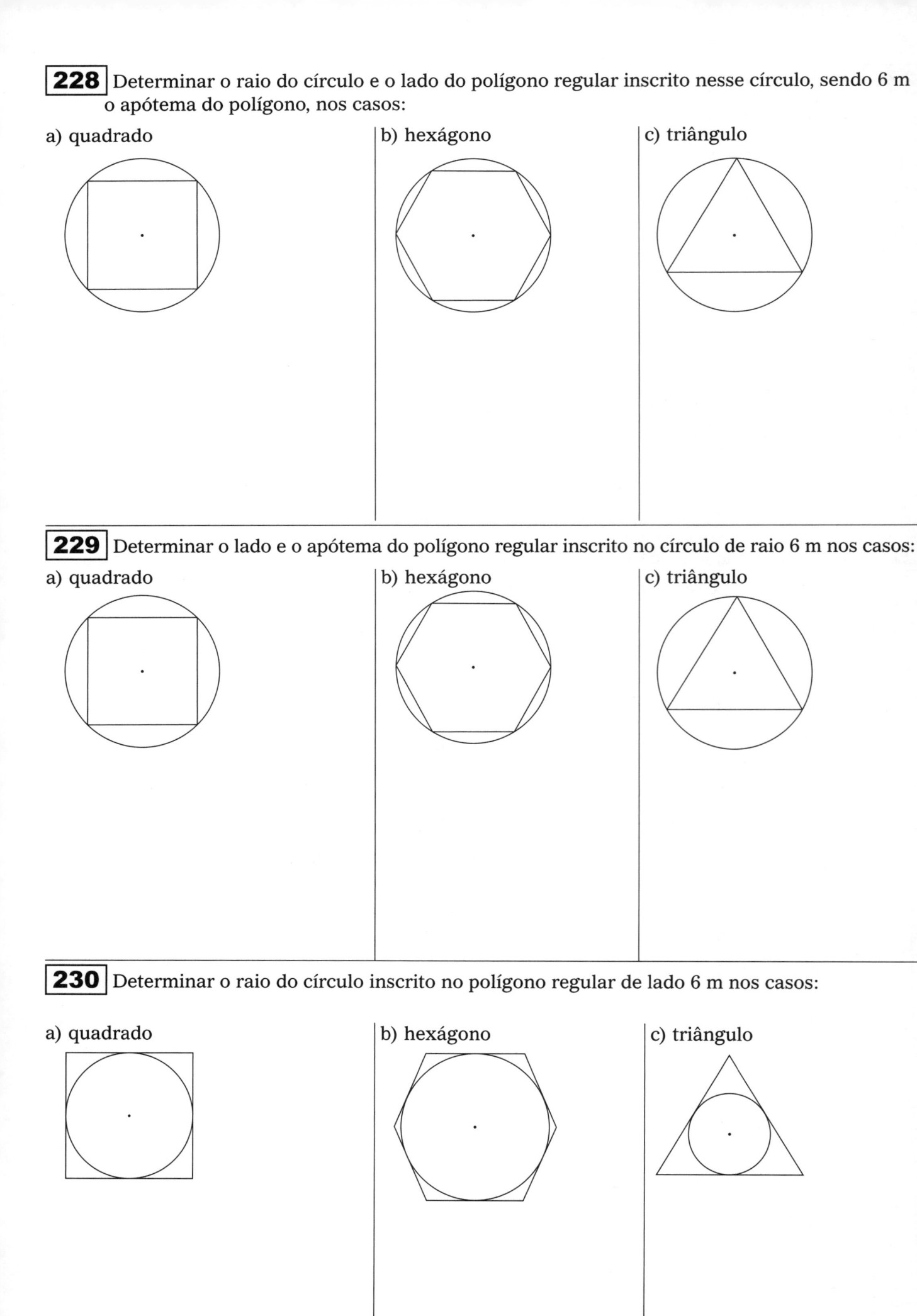

228 Determinar o raio do círculo e o lado do polígono regular inscrito nesse círculo, sendo 6 m o apótema do polígono, nos casos:

a) quadrado b) hexágono c) triângulo

229 Determinar o lado e o apótema do polígono regular inscrito no círculo de raio 6 m nos casos:

a) quadrado b) hexágono c) triângulo

230 Determinar o raio do círculo inscrito no polígono regular de lado 6 m nos casos:

a) quadrado b) hexágono c) triângulo

231 Resolver:

a) Determine o lado do triângulo equilátero, do quadrado e do hexágono regular inscritos em uma circunferência com raio de 18 m.

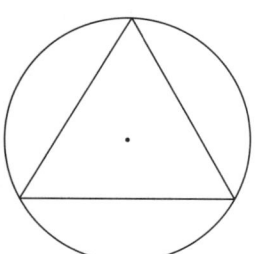

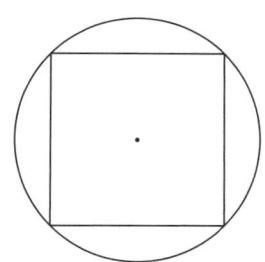

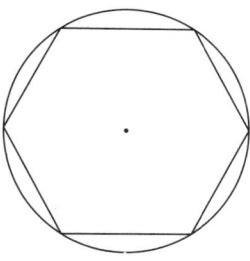

b) Determine o apótema do triângulo equilátero, do quadrado e do hexágono regular inscritos em uma circunferência de 12 m de raio.

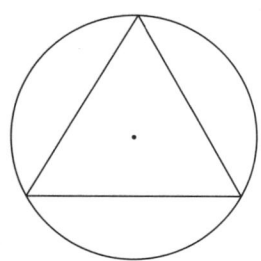

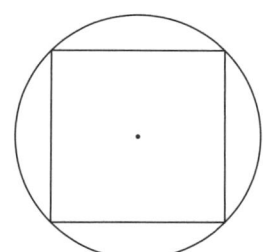

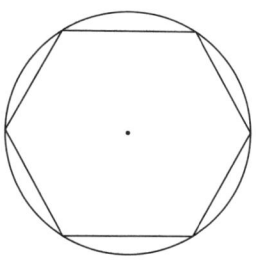

232 Determine o raio da circunferência circunscrita a um triângulo equilátero, nos casos:

a) A altura mede 12 m.

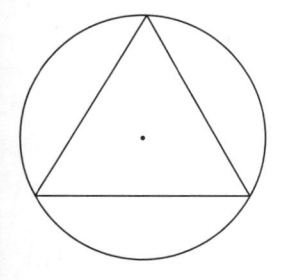

b) O lado mede 30 m.

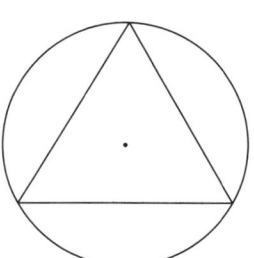

c) O apótema mede 7 m

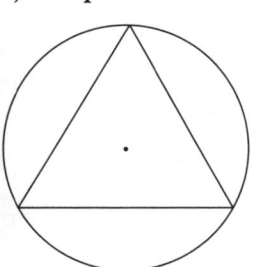

d) A sua área é de $81\sqrt{3}$ m².

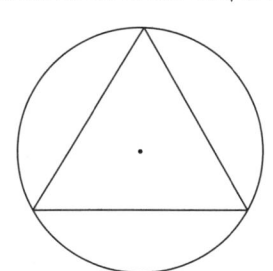

Resp: **225** a) 432 m²   b) $12\sqrt{2-\sqrt{3}} = 6(\sqrt{6}-\sqrt{2})$ c) a = 12, e = 24, b = $12\sqrt{2}$, c = $12\sqrt{3}$, d = $12\sqrt{2+\sqrt{3}} = 6(\sqrt{6}+\sqrt{2})$

d) $6\sqrt{2+\sqrt{3}} = 3(\sqrt{6}+\sqrt{2})$ **226** a = $R\sqrt{2-\sqrt{2}}$, sen (22° 30′) = $\dfrac{\sqrt{2-\sqrt{2}}}{2}$ **227** a = $\dfrac{R}{2}(\sqrt{6}-\sqrt{2})$, sen 15° = $\dfrac{\sqrt{6}-\sqrt{2}}{4}$

233 Determine o raio da circunferência circunscrita a um quadrado, nos casos:

a) A diagonal mede 40 m. b) O lado mede 24 m. c) O apótema mede 9 m. d) A sua área é de 100 m².

234 Determine o raio da circunferência circunscrita a um hexágono regular, nos casos:

a) O lado mede 13 m. b) A diagonal maior mede 28 m. c) O apótema mede 15 m.

d) A diagonal menor mede 12 m. e) A sua área é de $216\sqrt{3}$ m².

235 Determine o raio da circunferência inscrita em um triângulo equilátero nos casos:

a) A altura mede 21 m. b) O raio da circunscrita mede 18 m. c) O lado mede 54 m. d) A sua área é de $36\sqrt{3}$ m².

236 Determine o raio da circunferência inscrita em um quadrado, nos casos:

a) A altura mede 30 m. b) O apótema mede 11 m. c) A diagonal mede 12 m d) O raio da circunscrita mede 8 m.

237 Determine o raio da circunferência inscrita em um hexágono regular, nos casos:

a) O lado mede 18 m.

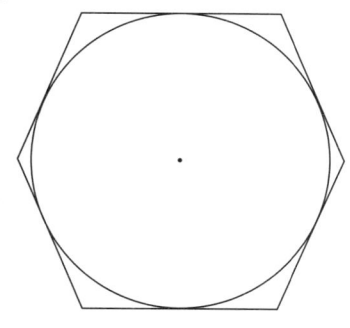

b) O apótema mede 17 m.

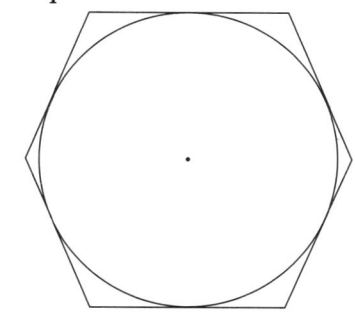

c) O raio da circunscrita mede 30 m.

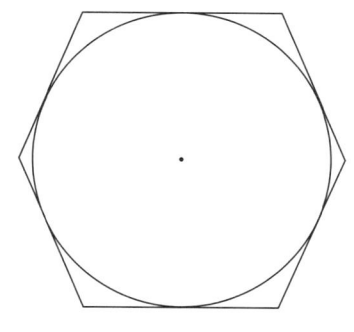

d) A diagonal maior mede 24 m.

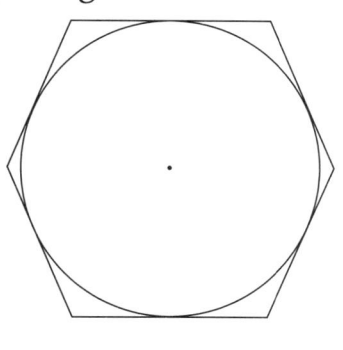

e) A diagonal menor mede 28 m.

f) A sua área é de $54\sqrt{3}$ m².

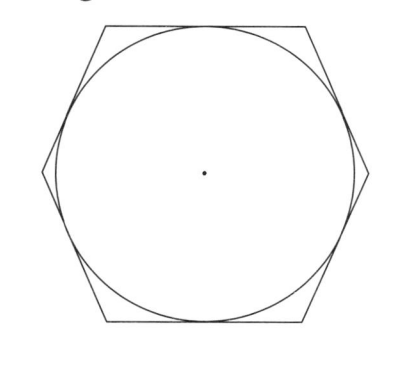

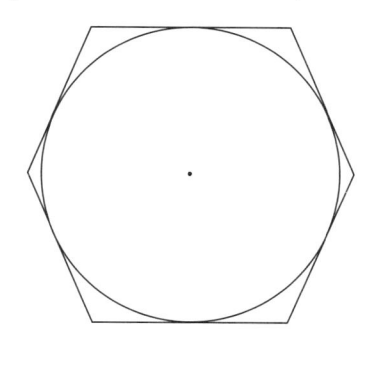

238 Lembrando que no triângulo equilátero o ortocentro, o baricentro, o incentro (centro da circunferência inscrita) e o circuncentro (centro da circunferência circunscrita) são coincidentes e que o baricentro divide a mediana em duas partes que medem $\frac{1}{3}$ e $\frac{2}{3}$ desta, sendo 6 m o lado do triângulo equilátero, determine:

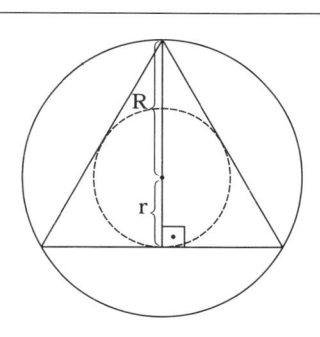

a) a altura do triângulo;
b) o raio R da circunscrita;
c) o raio r da inscrita;
d) o apótema do triângulo.

239 Lembrando que no quadrado a diagonal passa pelo centro, sendo 8 m o lado do quadrado, determine:

a) a diagonal;
b) o raio R da circunscrita;
c) o raio r da inscrita;
d) o apótema do quadrado.

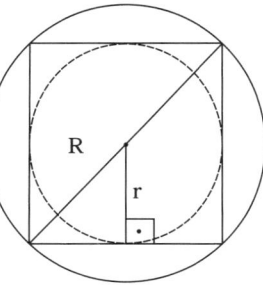

Resp: **228** a) $R = 6\sqrt{2}$, $\ell = 12$ b) $R = 4\sqrt{3}$, $\ell = 4\sqrt{3}$ c) $R = 12$, $\ell = 12\sqrt{3}$ **229** a) $\ell = 6\sqrt{2}$, $a = 3\sqrt{2}$ b) $\ell = 6$, $a = 3\sqrt{3}$ c) $\ell = 6\sqrt{3}$, $a = 3$ **230** a) 3 b) $3\sqrt{3}$ c) $\sqrt{3}$ **231** a) $18\sqrt{3}$; $18\sqrt{2}$; 18 b) 6; $6\sqrt{2}$; $6\sqrt{3}$ **232** a) 8 b) $10\sqrt{3}$ c) 14 d) $6\sqrt{3}$

240 Lembrando que no hexágono regular as diagonais maiores passam pelo centro e determinam nele 6 triângulos equiláteros, sendo 6 m o lado do hexágono, determine:
a) a diagonal maior;
b) o raio **R** da circunscrita;
c) o raio **r** da inscrita;
d) a diagonal menor;
e) o apótema do hexágono.

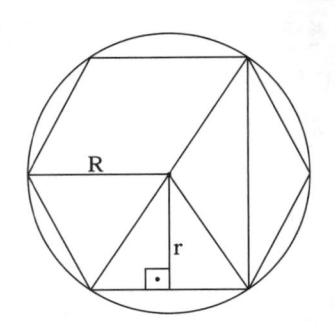

241 Se o raio de uma circunferência mede 2 m, determine o lado ℓ do decágono regular inscrito nela. (Use os triângulos isósceles da figura e o teorema da bissetriz interna ou use semelhança de triângulos).

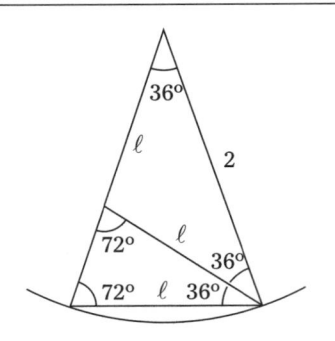

242 Determinar a área do:
a) quadrado inscrito em um círculo de 5 m de raio. 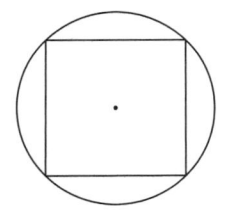
b) hexágono regular inscrito em um círculo de raio 4 m. 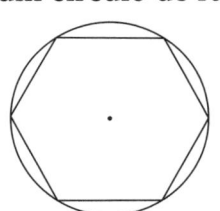
c) triângulo equilátero inscrito em um círculo de riao 6 m. 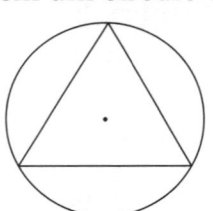
d) quadrado circunscrito a um círculo de raio 4 m. 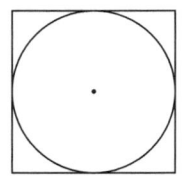
e) hexágono regular circunscrito a um círculo de raio 6 m. 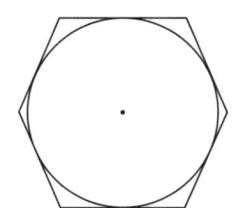
f) triângulo equilátero circunscrito a um círculo de raio 5 m.

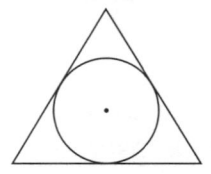

IX PARTES DO CÍRCULO

Revisão das fórmulas

1 – Comprimento da circunferência e área do círculo

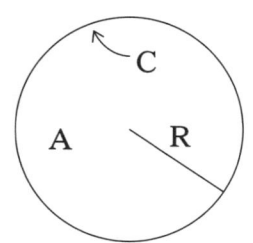

$$C = 2\pi R \qquad A = \pi R^2$$

2 – Área do setor

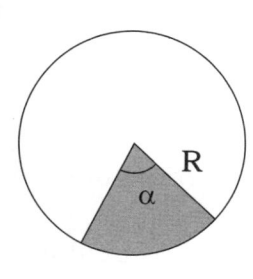

$$A_{setor} = \frac{\alpha}{360°}(\pi R^2) \qquad A_{setor} = \frac{\ell R}{2}$$

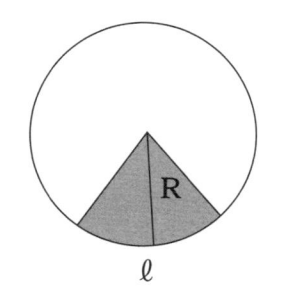

3 – Comprimento do arco

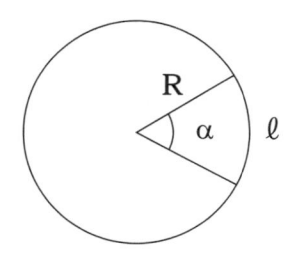

$$\ell = \frac{\alpha}{360°}(2\pi R)$$

4 – Área da coroa

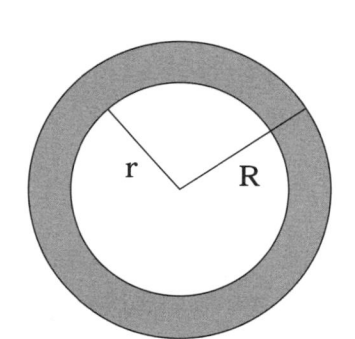

$$A_{coroa} = \pi R^2 - \pi r^2$$

$$A_{coroa} = \pi(R^2 - r^2)$$

5 – Área do segmento de círculo

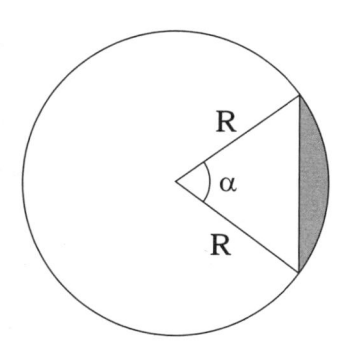

$$A_{seg.} = A_{setor} - A_{triângulo}$$

$$A_{seg.} = \frac{\alpha}{360°}(\pi R^2) - \frac{1}{2} R \cdot R \cdot \operatorname{sen}\alpha$$

Resp: **233** a) 20   b) $12\sqrt{2}$ c) $9\sqrt{2}$ d) $5\sqrt{2}$ **234** a) 13   b) 14   c) $10\sqrt{3}$ d) $4\sqrt{3}$ e) 12

235 a) 7   b) 9   c) $9\sqrt{3}$ d) $2\sqrt{3}$ **236** a) 15   b) 11   c) $3\sqrt{2}$ d) $4\sqrt{2}$

237 a) $9\sqrt{3}$ b) 17   c) $15\sqrt{3}$ d) $6\sqrt{3}$ e) 14   f) $3\sqrt{3}$ **238** a) $3\sqrt{3}$ b) $2\sqrt{3}$ c) $\sqrt{3}$ d) $\sqrt{3}$

239 a) $8\sqrt{2}$ b) $4\sqrt{2}$ c) 4   d) 4   **240** a) 12   b) 6   c) $3\sqrt{3}$ d) $6\sqrt{3}$ e) $3\sqrt{3}$

241 $(\sqrt{5} - 1)$ **242** a) 50   b) $24\sqrt{3}$ c) $27\sqrt{3}$ d) 64

Exemplo 1: Se o raio do círculo mede 12 cm, determimar a área so segmento circular cujo arco mede 60°.

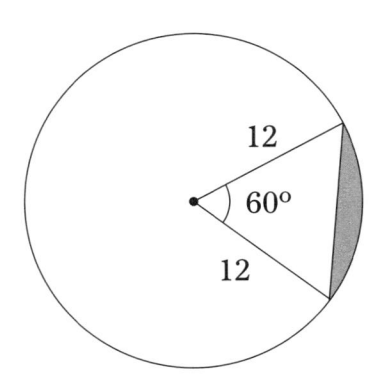

$A_{seg.} = A_{setor} - A_{triâng.}$

$A_{seg.} = \dfrac{\alpha}{360}(\pi R^2) - \dfrac{1}{2} R \cdot R \cdot \text{sen } \alpha$

$A_{seg.} = \dfrac{60}{360} \pi \cdot 12^2 - \dfrac{1}{2} \cdot 12 \cdot 12 \cdot \text{sen } 60°$

$A_{seg.} = \dfrac{1}{6} \pi \cdot 12 \cdot 12 - 6 \cdot 12 \cdot \dfrac{\sqrt{3}}{2} = 24\pi - 36\sqrt{3}$

$\boxed{A_{seg.} = 12(2\pi - 3\sqrt{3}) \text{ cm}^2}$

Exemplo 2: Na figura temos um triângulo equilátero de lado 8 cm e uma região sombreada determinada por arcos de 4 cm de raio com centros nos vértices do triângulo. Determinar a área sombreada.

Note que 3 setores de 60° é equivalente a um setor de 180° (que é meio círculo)

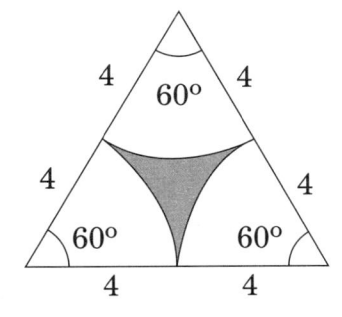

$A_s = A_{triâng.} - \dfrac{1}{2} A_{círculo} \Rightarrow$

$A_s = \dfrac{8^2 \sqrt{3}}{4} - \dfrac{1}{2} \pi \cdot 4^2 \Rightarrow A_s = 16\sqrt{3} - 8\pi = \boxed{8(2\sqrt{3} - \pi) \text{ cm}^2}$

Exemplo 3: Na figura AB = 6 cm e os centros dos arcos são A e B.

Determinar a área sombreada.

Note que a área sombreada é igual a de dois setores de 60°, menos a área de um triângulo equilátero.

E que ao pegarmos dois setores de 60°, o triângulo equilátero ABP foi tomado duas vezes.

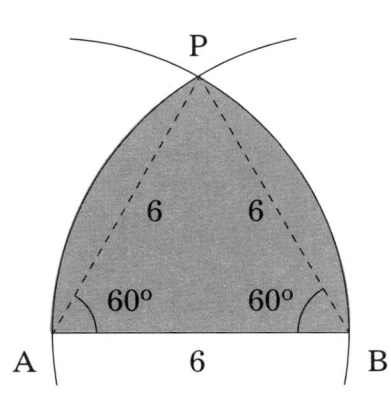

$As = 2\left[\dfrac{60}{360} \pi \cdot 6^2\right] - \dfrac{6^2 \sqrt{3}}{4}$

$As = 2 \cdot \dfrac{1}{6} \pi \cdot 36 - 9\sqrt{3}$

$As = 12\pi - 9\sqrt{3} \Rightarrow \boxed{As = 3(4\pi - 3\sqrt{3}) \text{cm}^2}$

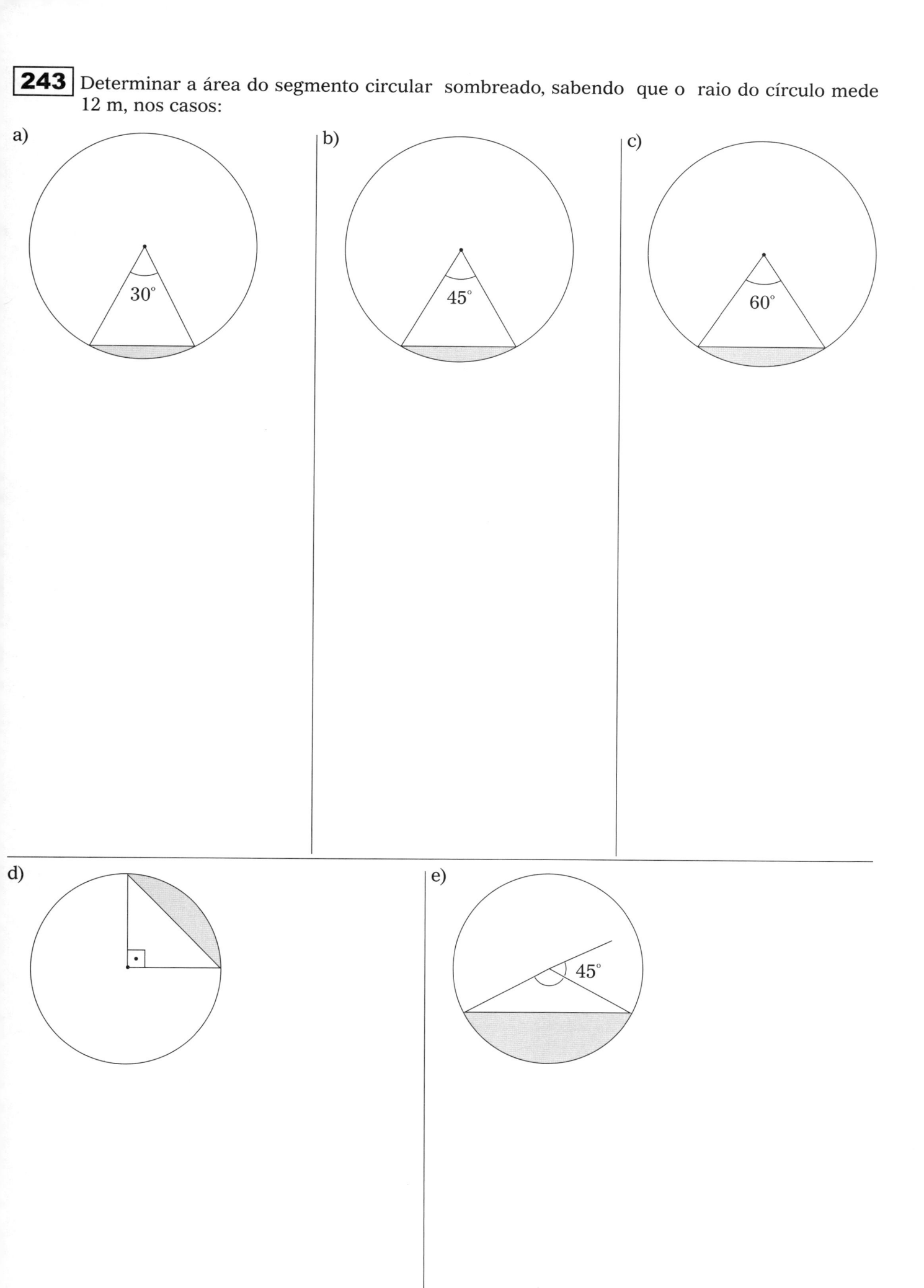

243 Determinar a área do segmento circular sombreado, sabendo que o raio do círculo mede 12 m, nos casos:

a) 30°

b) 45°

c) 60°

d)

e) 45°

244 Determinar a área da região sombreada, sabendo que o raio do círculo mede 12 m, nos casos:

a)

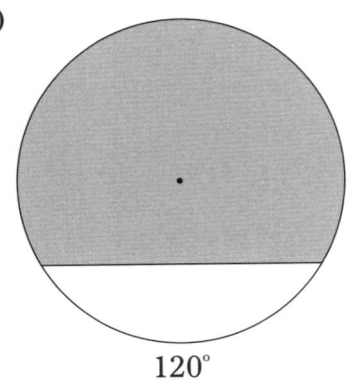

120°

b)

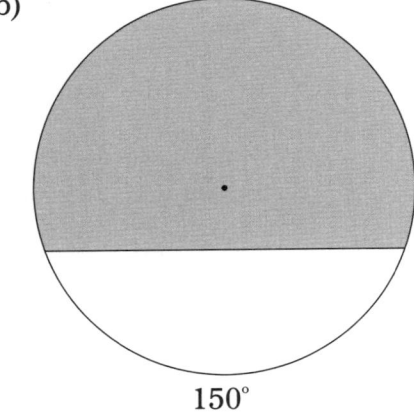

150°

c)

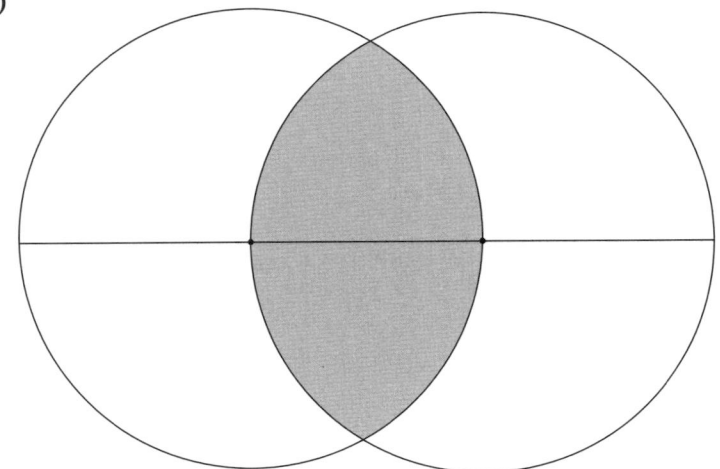

245 Determine a área do círculo e o comprimento da circunferência nos casos: (A unidade das medidas é o metro).

a) [círculo com raio 7]

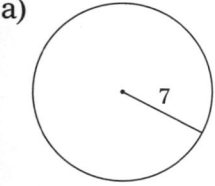

b) [círculo com corda 18]

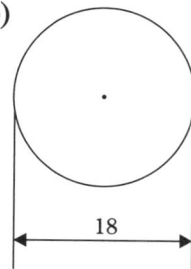

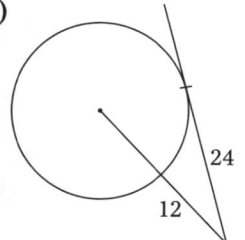

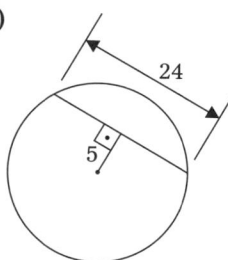

c) [círculo com 24 e 5]

d) [círculo com secante 12 e 24]

e) [círculo com 4, 6 e 7]

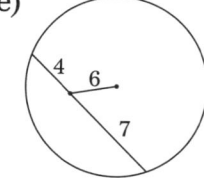

f) [círculo com 6 e 2]

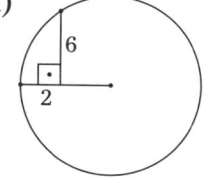

246 Determine a área do círculo nos casos:

a) Trapézio retângulo (2p = 50 m) — 10m

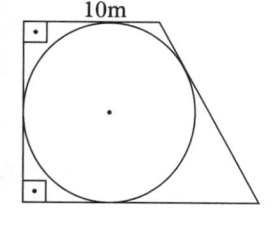

b) Trapézio isósceles (2p = 136 m) — 18m

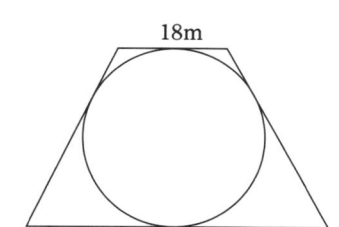

Resp: 243 a) $12(\pi - 3)$ m²   b) $18(\pi - 2\sqrt{2})$ m²   c) $12(2\pi - 3\sqrt{3})$ m²   d) $36(\pi - 2)$ m²   e) $18(3\pi - 2\sqrt{2})$ m²

247 Determine a área da coroa circular nos casos:

a) (raios 6 e 8)

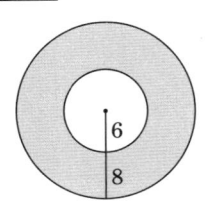

b) (18)

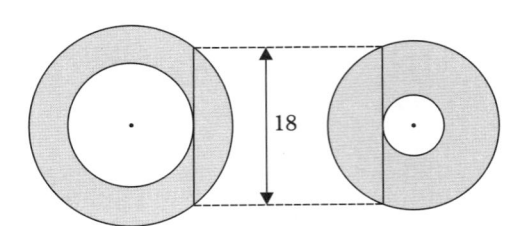

248 Se o raio do círculo mede 12 m, determine a área do setor sombreado nos casos:

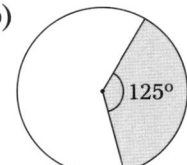

a) 85°   b) 125°   c) 115°

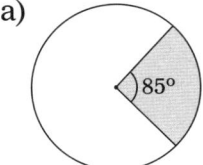

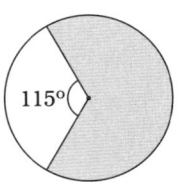

249 Se o raio do círculo mede 20 m, determine a área do setor circular sombreado nos casos:

a) 24m   b) 42m   c) 18 πm

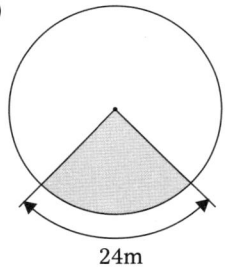

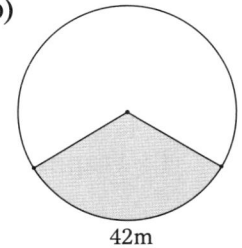

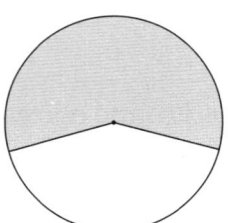

250 Se o raio do círculo mede 12 m, determine a área do segmento circular sombreado nos casos:

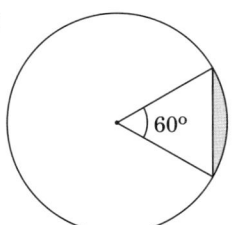

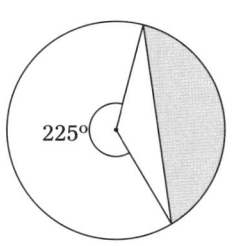

a) 60°   b) 225°   c) 150°

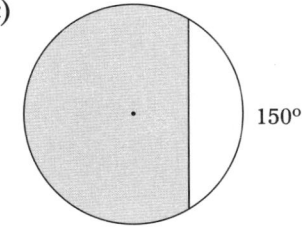

251 Em cada caso temos um quadrado. Determine a área da região sombreada.

a) O lado mede 16 m

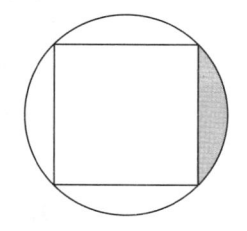

b) A diagonal mede 24 m

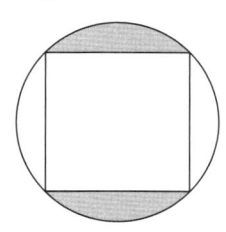

c) A diagonal mede 24 m

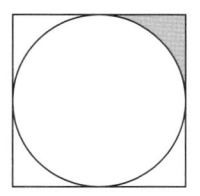

d) O quadrado tem 64 m²

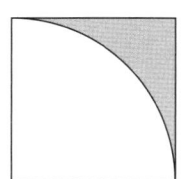

252 Em cada caso temos um triângulo equilátero. Determine a área da região sombreada.

a) O raio mede 12 m

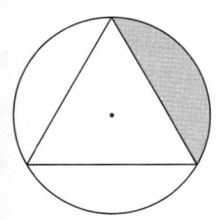

b) O lado mede 12 m

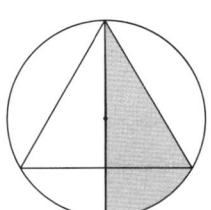

Resp: **244** a) $12(8\pi + 3\sqrt{3})\,m^2$ b) $12(7\pi + 3)\,m^2$ c) $24(4\pi - 3\sqrt{3})\,m^2$ **245** a) $49\pi, 14\pi$ b) $81\pi, 18\pi$ c) $169\pi, 26\pi$

d) $324\pi, 36\pi$ e) $64\pi, 16\pi$ f) $100\pi, 20\pi$ **246** a) 36π b) 225π

252 c) O triângulo tem $27\sqrt{3}$ m²

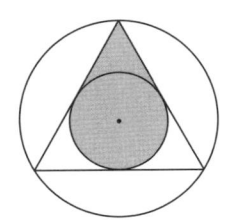

d) A altura do triângulo mede 18 m

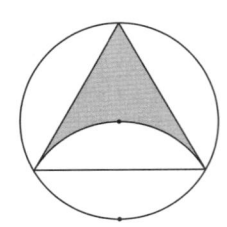

253 Em cada caso temos um hexágono regular. Determine a área da região sombreada.

a) A circunferência tem 48π m

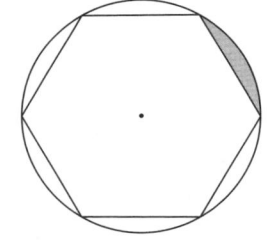

b) O hexágono tem $216\sqrt{3}$ m²

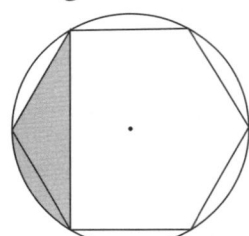

c) O círculo tem 36π m²

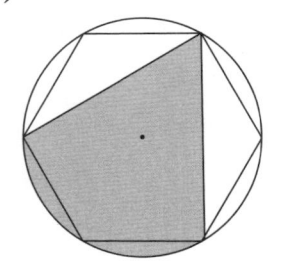

253 d) O triângulo equilátero circunscrito ao círculo tem $108\sqrt{3}$ m²

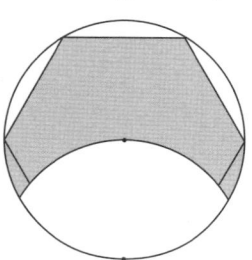

254 Determine a área da região sombreada nos casos:

a) O raio da circunferência mede **R**

b) Quadrado cujo lado mede **a**

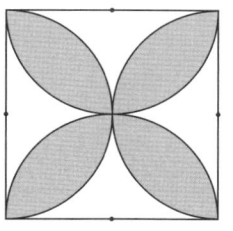

c) Os arcos $\stackrel{\frown}{AB}$, $\stackrel{\frown}{AC}$ e $\stackrel{\frown}{BC}$ têm centros em C, B e A e raio **R**

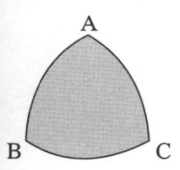

255 Na figura $\overline{AC}$ e $\overline{DB}$ são congruentes e são diâmetros de dois arcos. $\overline{AB}$ e $\overline{CD}$ são diâmetros de outros dois arcos. Mostre que a área sombreada é igual a área do círculo de diâmetro AD.

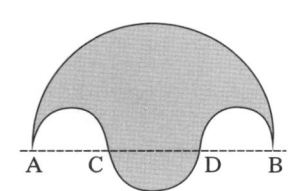

Resp: **247** a) 160π b) 81π e 81π **248** a) 34π b) 50π c) 98π **249** a) 240 b) 420 c) 220
250 a) $12(2\pi - 3\sqrt{3})$ b) $18(3\pi - 2\sqrt{2})$ c) $12(7\pi + 3)$ **251** a) $32(\pi - 2)$ b) $72(\pi - 2)$ c) $18(4 - \pi)$
d) $16(4 - \pi)$ **252** a) $12(4\pi - 3\sqrt{3})$ b) $4(2\pi + 3\sqrt{3})$

131

256 Na $\overline{AC}$, $\overline{CB}$ e $\overline{AB}$ são diâmetros com BC = 2AC. Mostre que a área não sombreada é a metade da sombreada.

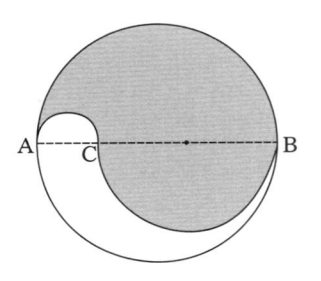

257 Na figura temos um triângulo retângulo cujos lados são diâmetros das semicircunferências. Sendo **A**, **B** e **T** as áreas das regiões sombreadas, mostre que T = A + B. (A soma das áreas das lúnulas é igual a área do triângulo). "Lúnulas de Hippocrates"

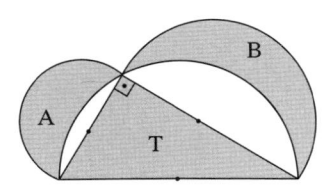

258 Na figura temos um círculo com os diâmetros $\overline{AB}$ e $\overline{CD}$ perpendiculares. O arco $\widehat{AB}$ tem centro em **D**. Mostre que a área do triângulo ABD é igual a área da região sombreada.

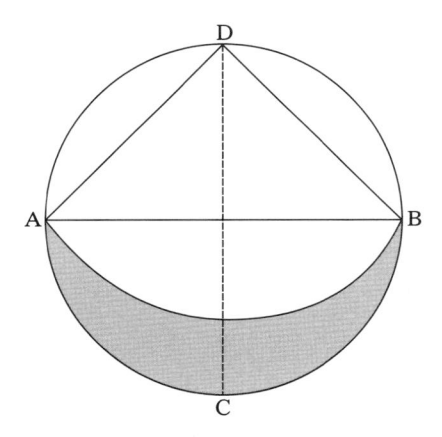

259 Na figura temos um triângulo equilátero inscrito em um círculo de raio r. Os lados do triângulo são diâmetros dos arcos $\widehat{AB}$, $\widehat{AC}$, $\widehat{BC}$. Mostre que a soma das áreas das lúnulas é igual a área do triângulo somada com $\frac{1}{8}\pi r^2$.

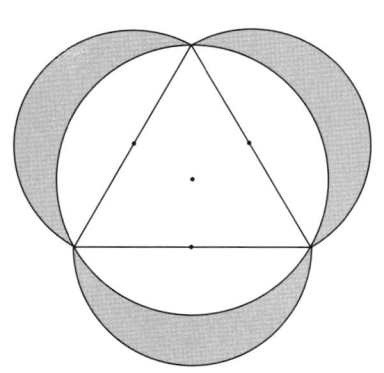

260 Na figura OA = OB e $\overline{OA}$ e $\overline{OB}$ são diâmetros das semicircunferências. Se o arco AB tem centro em O e mede 90°, mostre que a área sombreada **X** é igual a área sombreada **Y**.

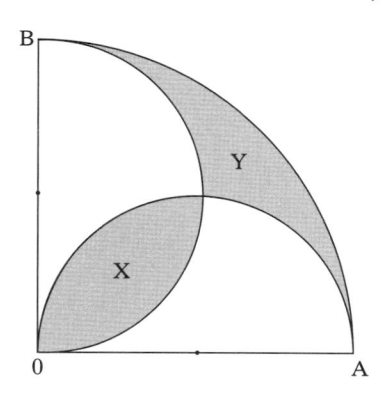

261 Na figura temos duas circunferências congruentes com centros O e O' e OBB'O' é um paralelogramo. Se BB' é diâmetro da semicircunferência construída, mostre que a área sombreada é igual a área do paralelogramo OBB'O'.

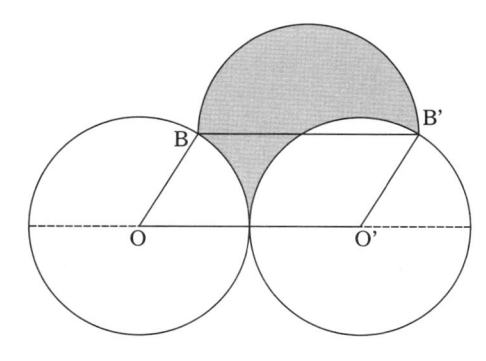

262 Na figura temos um quadrado ABCD de lado **a**. Os arcos construídos têm centros nos vértices do quadrado.
Determine a área da região sombreada.

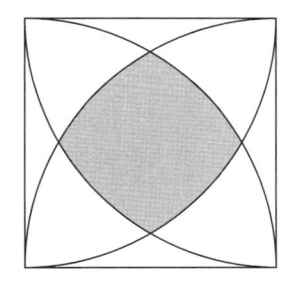

263 Determine a área do círculo e o comprimento da circunferência nos casos:

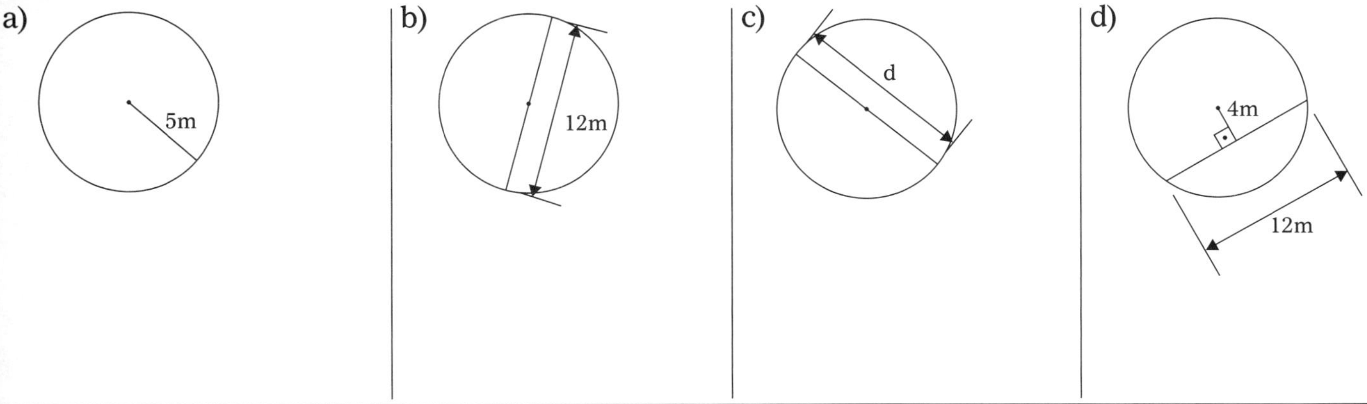

a) 5m   b) 12m   c) d   d) 4m, 12m

Resp: **252** c) $3(2\pi + 3\sqrt{3})$ d) $48(3\sqrt{3} - \pi)$ **253** a) $48(2\pi - 3\sqrt{3})$ b) 24π c) $6(2\pi + 3\sqrt{3})$ d) $3(15\sqrt{3} - 2\pi)$

254 a) $(2\pi - 3\sqrt{3})R^2$ b) $\left(\frac{\pi}{2} - 1\right)a^2$ c) $\frac{R^2}{2}(\pi - \sqrt{3})$

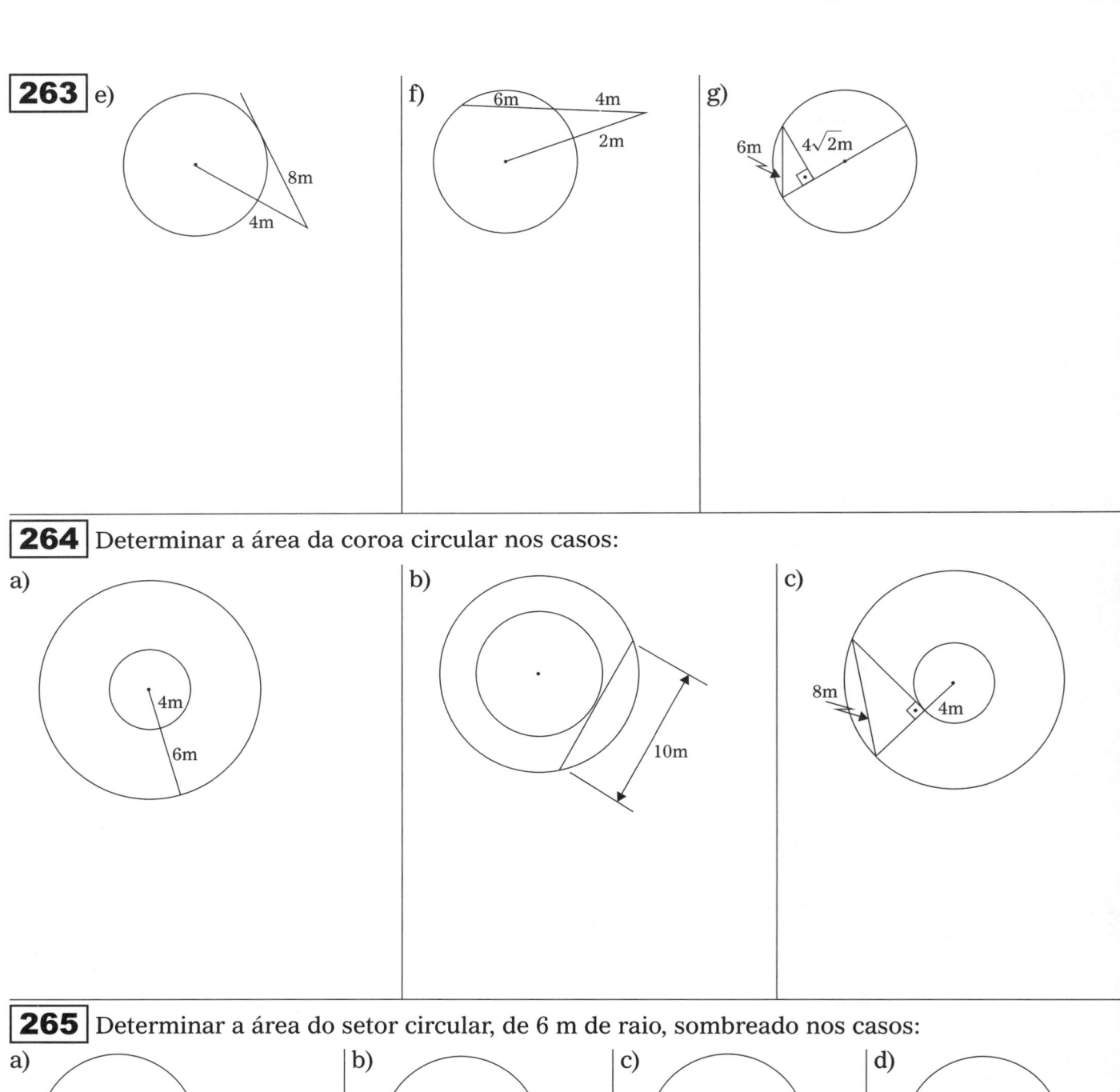

263 e)

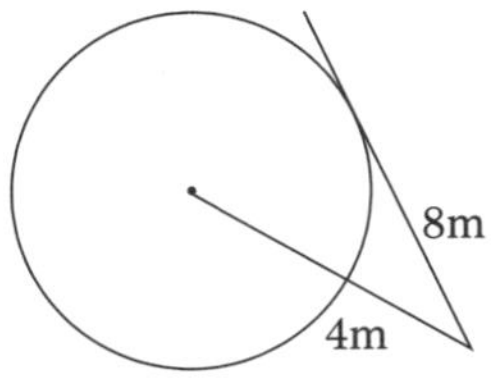

f)

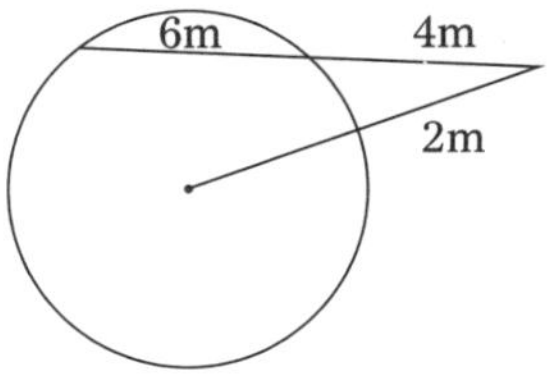

g)

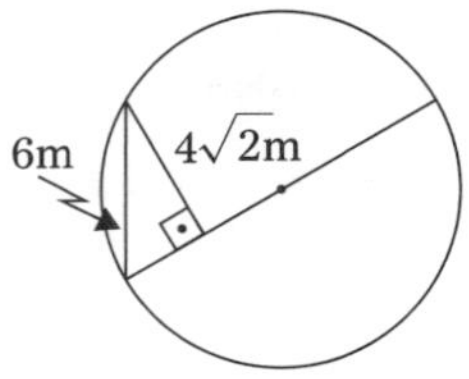

264 Determinar a área da coroa circular nos casos:

a)

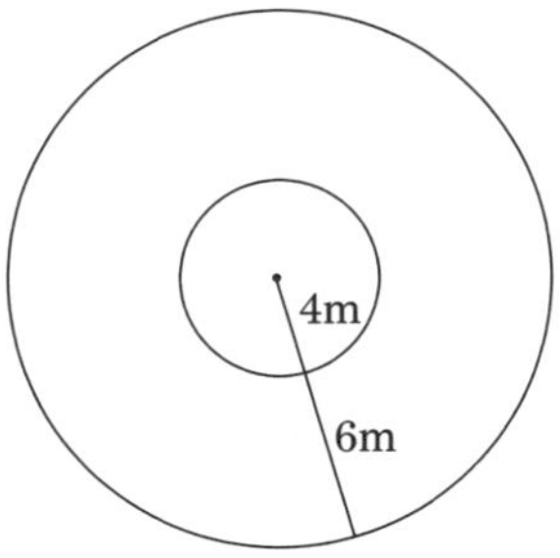

b)

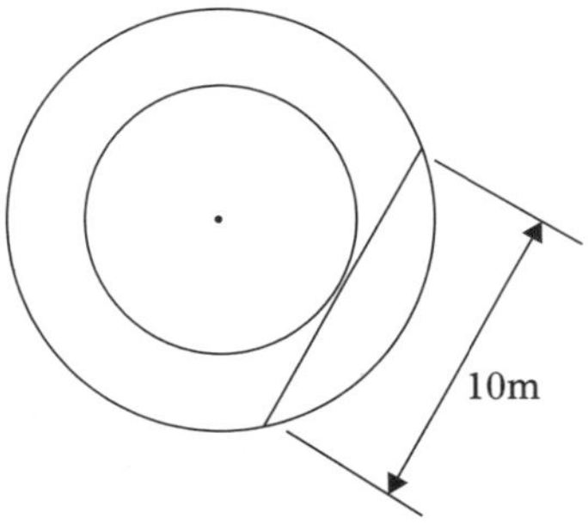

c)

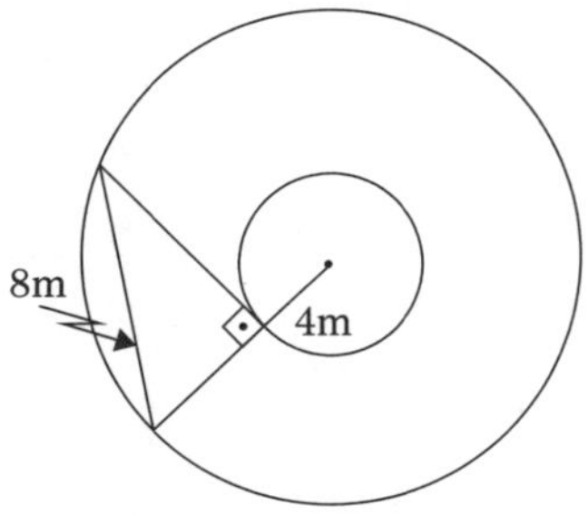

265 Determinar a área do setor circular, de 6 m de raio, sombreado nos casos:

a)

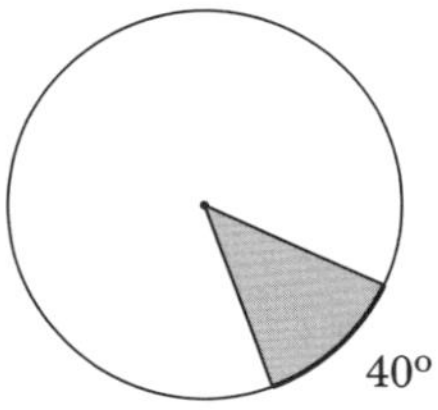

b)

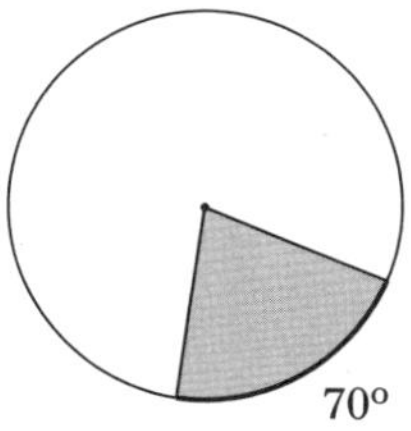

c)

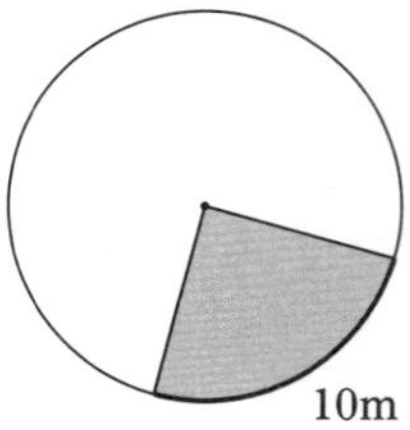

d)

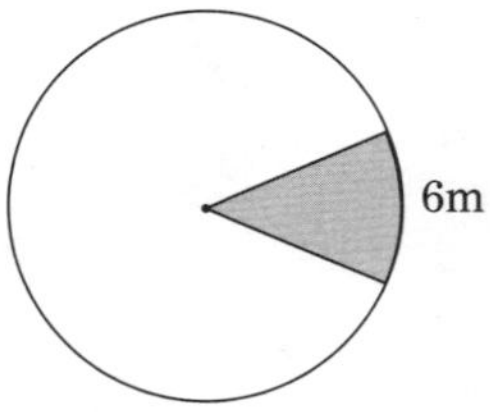

266 Determinar a área do segmento circular sombreado, sendo 6 m o raio do círculo, nos casos:

a)

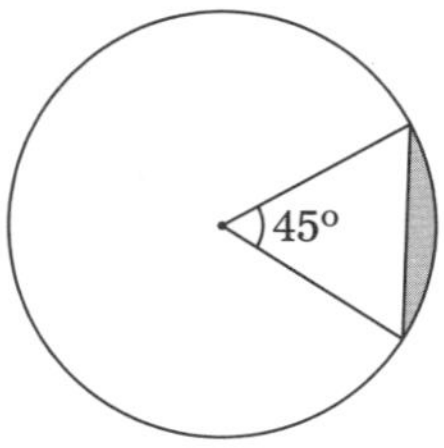

b)

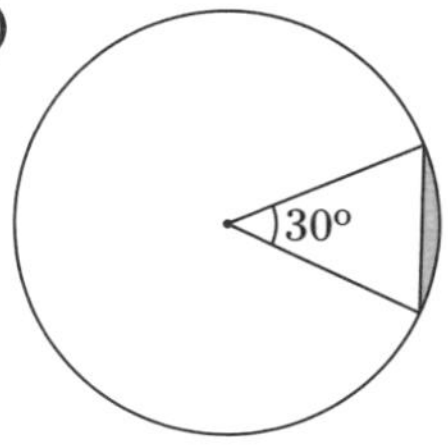

c)

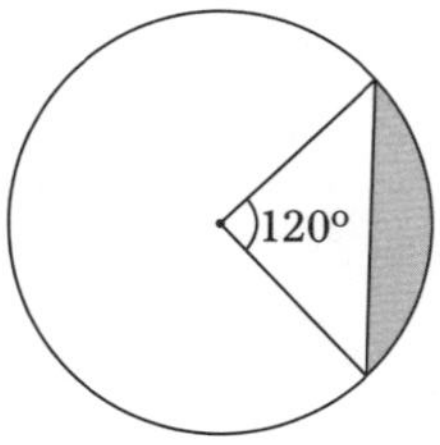

267 Determinar a área da região sombreada nos casos:

a) quadrado de lado 8 m

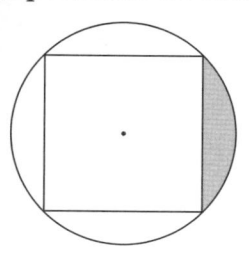

b) hexágono regular de lado 6 m

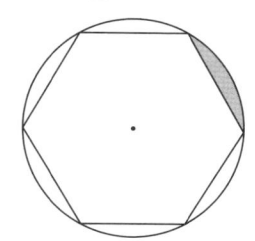

c) triângulo equilátero de lado 12 m

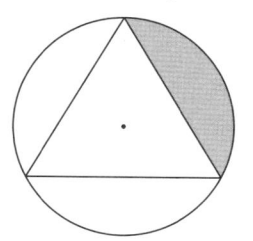

268 Determinar a área da região sombreada nos casos:

a) quadrado de lado 8 m

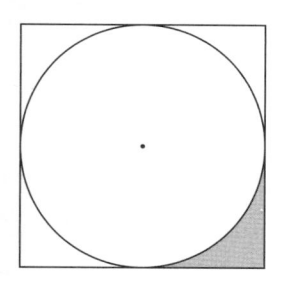

b) quadrado de lado 8 m

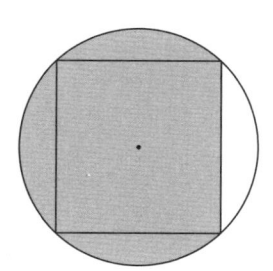

c) triângulo equilátero de 6 m de lado

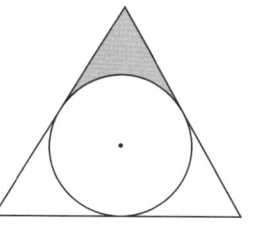

d) quadrado de lado 4 m e o arco tem centro no vértice do quadrado

e) idem ao anterior

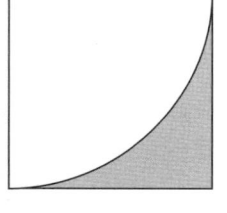

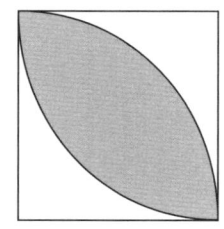

f) retângulo de lados 6 m e 10 m

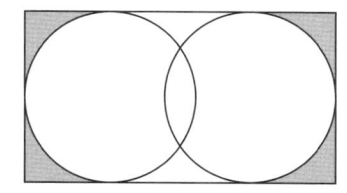

Resp: **262** a) $\frac{1}{3}(\pi + 3 - 3\sqrt{3})a^2$ **263** a) 25π m²; 10πm b) 36π m²; 12πm c) $\frac{\pi d^2}{4}$, πd d) 52π m²; $4\sqrt{13}\,\pi$m

269 Resolver:

a) Qual a área de um círculo cuja circunferência tem 18π m?

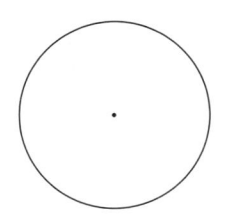

b) Qual o comprimento de uma circunferência cujo círculo tem 64π m²?

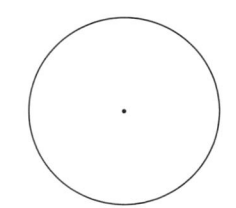

c) Determinar a área do círculo circunscrito a um quadrado de 16 m²?

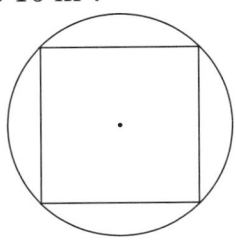

d) Determinar a área do círculo circunscrito a um hexágono regular de $150\sqrt{3}$ m².

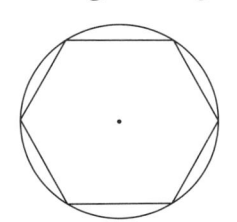

e) Determinar a área do círculo circunscrito a um triângulo equilátero de $9\sqrt{3}$ m².

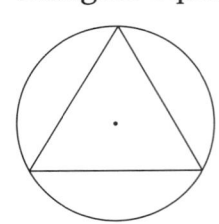

270 Resolver:

a) Determinar a área do círculo inscrito em um quadrado de 20 m².

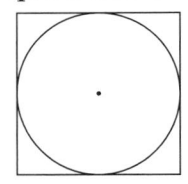

b) Determinar o comprimento da circunferência inscrita em um hexágono regular de $72\sqrt{3}$ m².

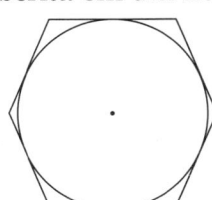

c) Determinar o comprimento da circunferência inscrita em um triângulo equilátero de $27\sqrt{3}$ m².

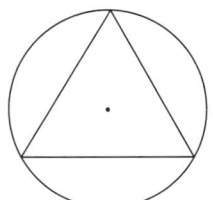

d) Determinar a área do círculo circunscrito a um hexágono regular de diagonal menor 6 m.

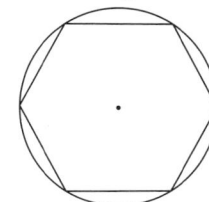

271 Resolver:

a) Determinar a área do círculo circunscrito a um triângulo isósceles de base 30 m e outro lado $5\sqrt{34}$ m.

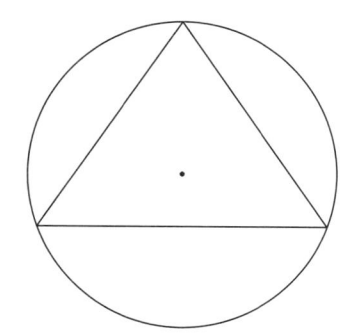

b) Determinar a área do círculo inscrito em um triângulo isósceles de base 15 m e outro lado 19,5 m.

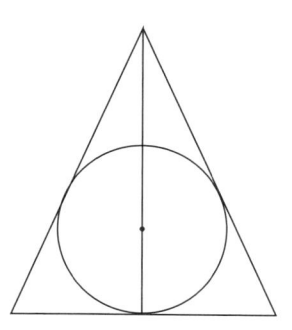

272 Determinar as áreas dos setores de medidas abaixo, sendo 60 cm o raio do círculo.

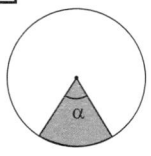

a) 90°   b) 60°   c) 45°

d) 120°   e) 17°   f) 5°15'

273 Determinar a área da coroa circular determinada pelas circunferência inscrita e circunscrita a um:

a) quadrado de 8 m de diagonal

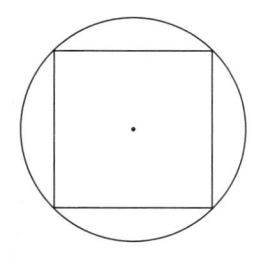

b) hexágono regular de diagonal menor $6\sqrt{3}$ m

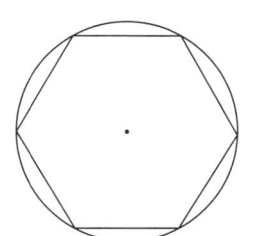

c) triângulo equilátero de $16\sqrt{3}$ m²

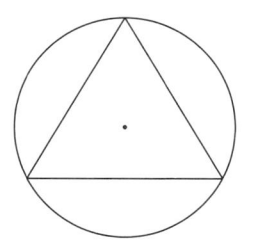

Resp: **263** e) 36π m² ; 12πm   f) 81π m² ; 18πm   g) 81π m² ; 18πm   **264** a) 84π m²   b) 25π m²   c) 48π m²   **265** a) 4π m²
b) 7π m²   c) 30 m²   d) 18 m²   **266** a) $\frac{9}{2}(\pi - 2\sqrt{2})$ b) $3(\pi - 3)$ c) $3(4\pi - 3\sqrt{3})$ **267** a) $8(\pi - 2)$
b) $3(2\pi - 3\sqrt{3})$ c) $4(4\pi - 3\sqrt{3})$ **268** a) $4(4 - \pi)$ b) $8(3\pi + 2)$ c) $(3\sqrt{3} - \pi)$ d) $4(4 - \pi)$ e) $8(\pi - 2)$ f) $9(4 - \pi)$

274 Determinar os comprimentos dos arcos de medidas abaixo, sendo 60 m o raio do círculo.

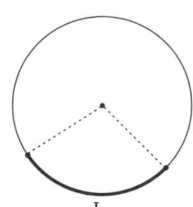

a) 90°   b) 60°   c) 40°

d) 72°   e) 75°   f) 120°

275 Determinar as áreas dos segmentos circulares cujas medidas dos arcos são dadas abaixo, sendo 12 m o raio do círculo.

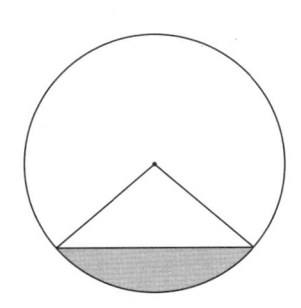

a) 60°   b) 90°

c) 135°   d) 150°

276 Determine a área do círculo nos casos:

a) PA = 4 m, PQ = 8 m, s ⊥ t

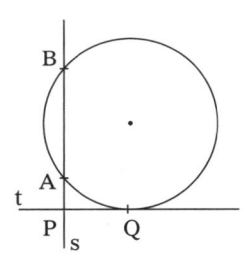

b) BC = 30 m, AM = 25 m

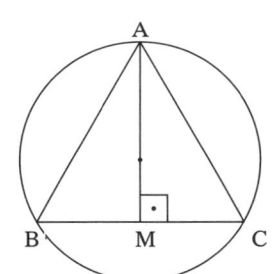

277 O traçado de um pista representada na figura ao lado é composto dos arcos de circunferências AB, BC, CD e DA, centrados respectivamente em O_1, O_2, O_3 e O_4. Se os triângulos $O_1O_2O_3$ e $O_1O_3O_4$ são equiláteros de 60 m de lado e AB = $120\sqrt{3}$ m, determine o comprimento da pista.

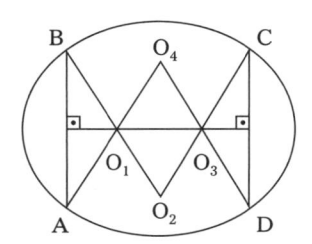

278 Se o lado do triângulo equilátero mede 4 m e os raios dos arcos centrados nos vértices do triângulo medem 2 m cada um, determinar a área da parte sombreada.

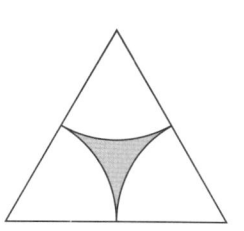

279 Na figura temos um triângulo equilátero de 8 m de lado e circunferências de raios iguais a 2 m centradas em vértices e em pontos médios de lados do triângulo equilátero. Determinar a área da região sombreada.

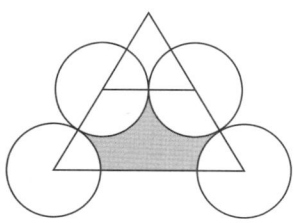

280 Se o lado do quadrado mede 6 m e os arcos de circunferências são centrados em vértices consecutivos do quadrado, determinar a área da parte sombreada.

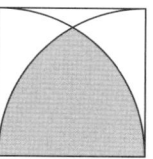

281 Da figura sabemos que AB = 15 m, AD = 9 m e **t** é tangente à circunferência. Determinar CD.

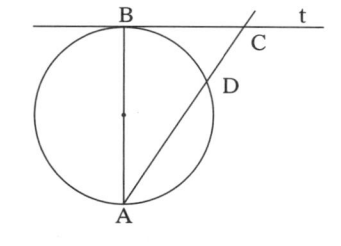

282 Determinar a área da parte sombreada se o raio do círculo é **r** e A$\hat{B}$C = 30°.

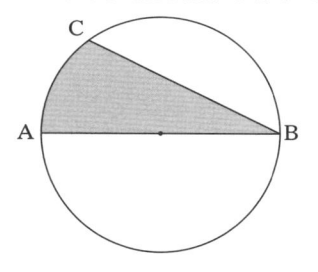

283 ABC é um triângulo retângulo de hipotenusa AC = 12 m e ângulo Â = 60°. Determinar a área da parte sombrada se o arco BD é centrado em **A**.

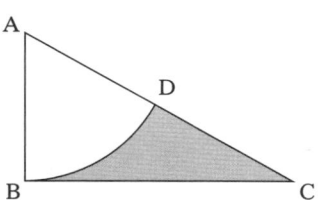

Resp: **269** a) $81\pi m^2$ b) $16\pi m$ c) $8\pi m^2$ d) $100\pi m^2$ e) $12\pi m^2$ **270** a) 5π b) 12π c) 6π d) 12π

271 a) 289π b) 25π **272** a) 900π b) 600π c) 450π d) 1200π e) 170π f) $\frac{105}{2}\pi$

273 a) 8π b) 9π c) 16π

284 Se o arco CD tem centro em A, AB = 6 m e Â = 60°, determinar a área da região sombreada.

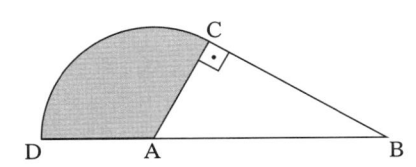

285 As circunferências da figura têm 9 m e 3 m de raios, são tangentes entre si e tangenciam a reta **t**. Determine a área da região sombreada.

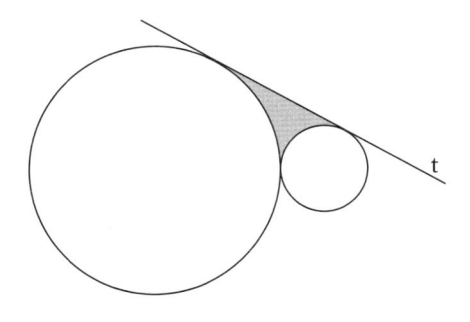

286 Na figura temos um setor circular de 60° e raio 18 m e uma circunferência inscrita nele. Determine a área da região sombreda.

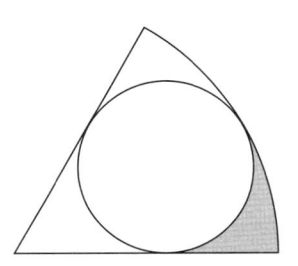

287 Na figura temos um círculo de raio $12\sqrt{6}$ m . Determine a área da região sombreada.
Dados $AB = 24\sqrt{3}$ m e $AC = 36\sqrt{2}$ m.

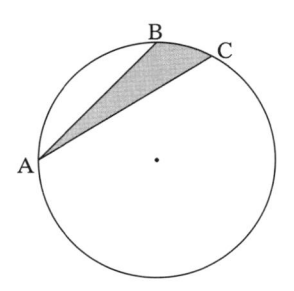

288 Na figura temos um círculo de raio $12\sqrt{3}$ m.
Se AB = $12\sqrt{3}$ m e CD = 36 m, determine a área sombreada.

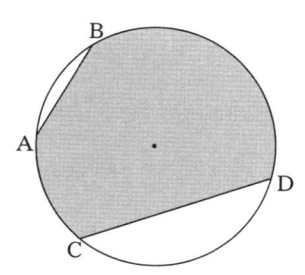

289 Se a área do retângulo determinado por dois lados opostos de um hexágono regular é de $36\sqrt{3}$ m², quanto mede o lado do triângulo equilátero equivalente a este hexágono?

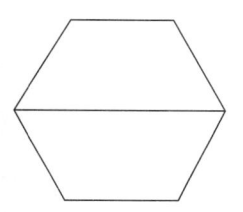

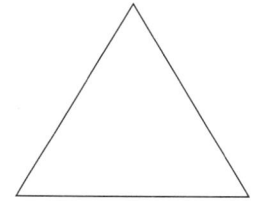

290 Na figura nós temos um quadrado e um triângulo equilátero. Se a área da parte sombreada é de $2(5\pi + 12\sqrt{3} - 18)$ m² , qual é o comprimento da circunferência maior?

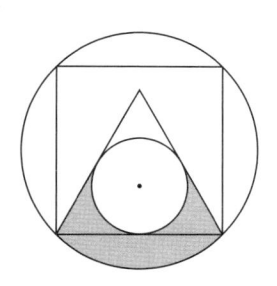

Resp: **274** a) 30π b) 20π c) $\frac{40}{3}\pi$ d) 24π e) 25π f) 40π **275** a) $12(2\pi - 3\sqrt{3})$ b) $36(\pi - 2)$ c) $18(3\pi - 2\sqrt{2})$ d) $12(5\pi - 3)$ **276** a) 100π b) 289π **277** 280π **278** $2(2\sqrt{3} - \pi)$ **279** $4(3\sqrt{3} - \pi)$ m² **280** $3(4\pi - 3\sqrt{3})$ **281** 16 **282** $\frac{1}{12}(2\pi + 3\sqrt{3})r^2$ **283** $6(3\sqrt{3} - \pi)$

291 Na figura temos um triângulo equilátero ABC de 12 cm de lado e um arco de circunferência de centro A que tangencia o lado BC. Determinar a área da região sombreada.

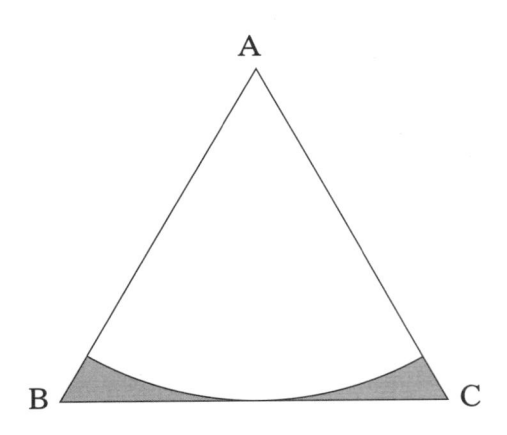

292 Na figura temos um triângulo retângulo isósceles de hipotenusa 12 cm e um arco de circunferência de centro no vértice do ângulo reto, que tangencia a hipotenusa. Determinar a área sombreada.

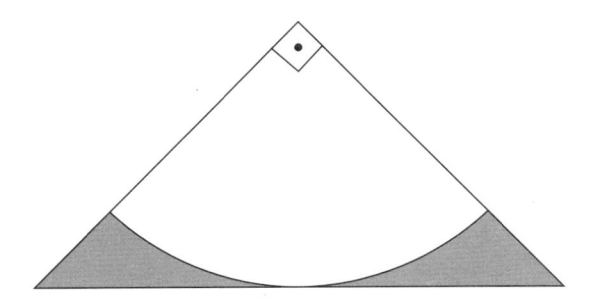

293 Na figura temos um círculo de 10 cm de raio inscrito em um triângulo isósceles de base 30 cm. Determinar a área da região sombreada.

142

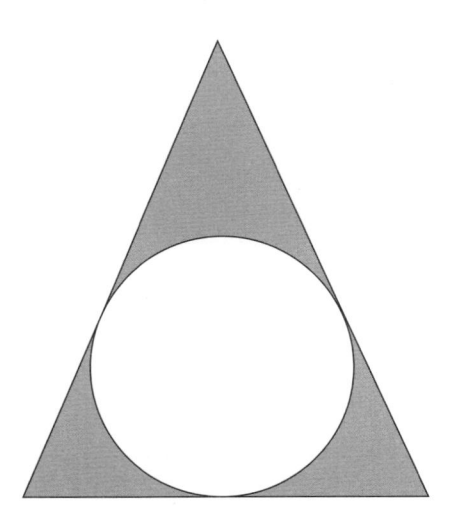

294 A diferença entre as áreas das partes sombreada e não sombreada ao lado é de $(4\pi - 3\sqrt{3})$ m². Determine a área do triângulo, que é equilátero.

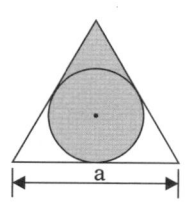

295 A hipotenusa de um triângulo retângulo mede **c** e um ângulo agudo mede 30°. Determinar o raio da circunferência que tem centro no vértice do ângulo de 30° e divide o triângulo em duas regiões equivalentes.

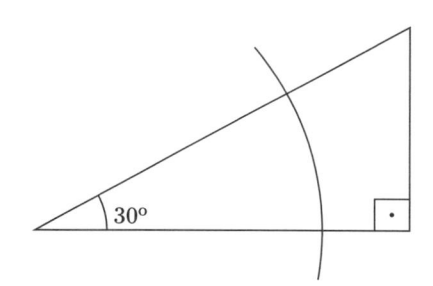

Resp: **284** 3π **285** $\frac{3}{2}(24\sqrt{30} - 11\pi)$ **286** $3(5\pi - 6\sqrt{3})$ **287** $72(\pi - 3\sqrt{3} + 6)$ **288** $216(\pi + \sqrt{3})$ **289** $6\sqrt{6}$

290 $12\sqrt{2}\,\pi$ **291** $18(2\sqrt{3} - \pi)$cm² **292** $9(4 - \pi)$cm² **293** $20(27 - 5\pi)$cm² **294** $9\sqrt{3}$ **295** $\frac{c}{2}\sqrt{\frac{3\sqrt{3}}{\pi}}$

Impressão e Acabamento
Bartira
Gráfica
(011) 4393-2911